5 drôles de sœurs en cuisine

Les recettes d'une famille du Nord

CRÉDITS PHOTOGRAPHIQUES

© Patrick Kedzia : pages 3, 12, 24-25, 32-33, 70-71, 150-151 et couverture.

© Getty Images : pages 63, 67, 75, 93, 97,103 ,116, 128-129, 135, 146, 149, 161, 182, 193, 194

Coordination éditoriale : Ravet-Anceau
Conception et mise en page : Nord Compo
Impression : Albe De Coker

ISBN : 979-10-699-3320-0
Dépot légal : mars 2019.

Jacotte, Annette, Guite, Colette, Françoise
Duhamel

5 drôles de sœurs en cuisine

Les recettes d'une famille du Nord

Préface

Pour un enfant, la cuisine de sa mère est la meilleure cuisine, ou parmi les meilleures, et elle reste la cuisine de référence, à l'aune de laquelle il mesurera le mérite de toutes les autres.

Et les 5 auteures du présent livre n'ont pas été épargnées dans ce domaine : leurs parents avaient le talent de la cuisine, ils ont su ainsi éveiller leur goût et guider leurs premiers pas sur le chemin des casseroles et des chaudrons magiques. Étant heureusement conditionnées par leur milieu familial, elles ont donc manifesté ce penchant merveilleux pour la cuisine, la réaliser, la partager et la savourer.

Elles ont reçu en héritage le cahier de cuisine de leur Mère, laquelle y avait déjà reporté les recettes de sa propre mère.
Chemin faisant, elles ont recueilli celles de la Tante Léonie, ont mobilisé les carnets de Grand Mère Lepers et de quelques autres parentes touchées par la grâce.

L'idée leur est donc venue de faire un livre, un vrai livre, qui braverait le temps, et dont on peut espérer qu'un tirage important permettrait à quelques exemplaires de survivre à plusieurs siècles.
Un livre qui serait ainsi un hommage et un remerciement adressés à leurs parents pour tous les bonheurs qu'elles ont connus grâce à eux.

Mais il fallait que ce livre ne soit pas un sanctuaire de recettes fossiles, il fallait, autant que nécessaire, faire vivre ces recettes, les mettre au goût du jour, sans trahir ni le charme de la tradition ni la pensée de leurs grands-mères.
Nos cinq rédactrices ont fait le job.

C'est donc un livre de cuisine du Nord, qui fait la part belle à ses produits et à ses façons culinaires. Les crevettes grises, les waterzoïs, les frites, chacun prétend en détenir la vérité.

Voilà d'autres vérités, à vous de voir.

C'est aussi le livre de leur propre cuisine.

Car nos cinq sœurs ont maintenant un long vécu de cuisinières et ne se sont pas contentées de reproduire avec talent le livre de leur Maman. Elles nous livrent aussi leur propre cuisine de famille, le fruit de leur expérience, les recettes qu'elles ont mises au point au fil des années et tous leurs «petits trucs». Ce qui nous vaut le bonheur de lire une terrine de courgettes et du velouté de petits pois à la menthe, et, de goûter grâce à elles, une épaule d'agneau confite et d'autres joyeusetés.

Mais nos sœurs, habitées par le démon de la cuisine, n'en sont pas restées là. Elles se sont dispersées à travers la France et le monde, pour le travail ou pour le plaisir, et elles ne sont pas restées imperméables aux épices, aux produits, aux habitudes de toutes les cuisines rencontrées.
Elles nous livrent ici quelques unes des recettes «adoptées» par la famille Duhamel au nom de l'amour des bonnes choses.
Ceci explique que la cervelle de canut, les boulettes de poisson à la marocaine ou les crevettes thaï, et autres nourritures exotiques ont trouvé leur place dans la «**cuisine d'une famille du Nord**».

Enfin, je n'ai pas demandé aux écrivaines pourquoi ce titre « 5 drôles de sœurs en cuisine ».
Parce qu'elles sont friponnes, gaies, rouées, amusantes, rusées, spirituelles, plaisantes... ? Ça leur va plutôt bien.

Pour conclure, il faut observer que ces cinq cuisinières ont atteint maintenant la maturité de leur âge tout en gardant une silhouette admirable. Et Dieu sait pourtant si elles ont aimé la cuisine!

Jean Proÿe
La 3e génération à l'Huîtrière

La famille en 1949 au Parc Barbieux,
Bernard, Annette, Colette, Jacotte, Françoise, Guite et Léon-Claude.

Tradition et transmission

Présentation des 5 filles de Paulette et Léon Duhamel

Nous sommes cinq sœurs dans la plénitude de l'âge… (entre 73 et 84 ans).

Nous avons cette passion commune des bonnes recettes familiales et avons acquis ce goût de la cuisine auprès de nos parents qui aimaient cuisiner et nous faire partager le plaisir de **nous** retrouver à table autour de bons repas. Ayant deux frères, nous étions neuf à table.

Nos parents étaient très occupés. Papa avait une affaire de confection, et maman travaillait avec lui. Après la guerre, il avait créé une marque : Hévéa, l'imperméable qui ne perce pas… Et comme il avait de la suite dans les idées, en 1966, il créa le K. Way, dont la définition en tant que coupe-vent est dans le dictionnaire. La préparation des repas était un moment de détente.

Nous étions une famille très unie, heureuse et joyeuse ! Les repas, tous ensemble, avaient pour nous, une très grande importance. C'était un moment privilégié. Nous avons toutes les cinq, des souvenirs heureux, gais et précis de cette belle époque.

Ce que nous avons vécu, nous l'avons communiqué à nos enfants, en continuant à vivre comme nous l'avons appris, et à donner comme nous avons reçu ! Eux-mêmes transmettent ces valeurs à leurs enfants, nos petits enfants !

Une vraie vie de famille peut-elle exister sans ces moments d'amour et de partage, enfants et parents, autour de la table ?

Ce livre est avant tout, un lien, entre nos parents, enfants et petits-enfants.

Nos recettes sont des recettes familiales qui ne sont pas figées, à vous de les transformer ou les améliorer au gré de votre imagination.

Prenez plaisir à les lire.
Prenez plaisir à cuisiner !

Le cahier de recettes de Papa.

Sommaire

Les préparations diverses

Les soupes

Les entrées

Les plats

Les accompagnements

Les salades

Les poissons et fruits de mer

Les viandes

Les volailles et gibiers

Les desserts

Les crèmes

Les tartes

Les autres desserts

Les liqueurs

Les papilles parlent et se souviennent

Guite

Les préparations diverses

Blinis maison

Temps de préparation : 30 min
Temps de repos : 2h10
Temps de cuisson : 30 min

Ingrédients pour environ 70 blinis de 4cm de diamètre :
- 15g de levure fraîche du boulanger
- 30cl de lait tiède
- 250g de farine
- 3 œufs
- Beurre
- Sel

- Délayer la levure avec un peu de lait tiède. Réaliser un pâton. Le recouvrir de film alimentaire et le laisser reposer à température ambiante 10 minutes.
- Faire un puits avec la farine, y déposer une pincée de sel, la levure et les jaunes d'œufs.
- Bien mélanger et rajouter le reste du lait.
- Laisser reposer pendant 2 heures, en prenant soin de recouvrir le plat d'un torchon.
- Monter les blancs en neige et les incorporer délicatement à la préparation (*reposée pendant 2 heures*).

Cuisson des blinis :

Mettre du beurre dans une poêle, le faire blondir.
Avec une cuillerée à café, déposer des petits tas dans la poêle beurrée, quand ils sont dorés, les retourner. Ça va très vite !
Recommencer l'opération jusqu'à épuisement de la pâte.

Ces blinis sont bien agréables pour agrémenter un apéritif avec du tarama, du saumon fumé, du guacamole, des rillettes de thon, de saumons, etc.

Fèves… en apéritif

Temps de préparation : 15 min
Temps de cuisson : 5 min

Ingrédients pour 2 personnes :
- 1 belle poignée de fèves fraîches
- Huile d'olive
- Sel et poivre

- Écosser les fèves.
- Les faire revenir dans une poêle, avec un peu d'huile d'olive, pas plus de 5 minutes.
- Enlever la peau des fèves.
- Mettre les fèves pelées dans une soucoupe, saler et poivrer.

C'est tout simple, et très bon. C'est très sympa à l'apéro.
Ça se mange avec les doigts…

Fromages de chèvre marinés

Temps de préparation : 10 min
Temps de repos : 2 jours

Ingrédients :
- 6 petits fromages de chèvre frais
- Thym
- Laurier
- Romarin
- Huile d'olive
- Poivre

- Placer les fromages dans le fond de la terrine, les superposer en quinconce.
- Poivrer.
- Ajouter thym, laurier, romarin (*quantité selon votre goût*).
- Recouvrir d'huile d'olive.
- Poser le couvercle, et mettre la petite terrine au frigo.
- Attendre 1 jour ou 2 avant de consommer.

On peut rajouter quelques tomates séchées,
entières ou coupées en deux.
Quand la terrine est terminée, ne pas jeter l'huile et la garder
pour renouveler la recette encore 1 ou 2 fois.
Voilà un fromage qui ne revient pas cher !
On peut aussi bien le déguster en entrée avec une tomate,
de la salade, une pomme de terre chaude, ou en fin de repas.

Mayonnaise de base

Temps de préparation : 5 min

Ingrédients pour 1 petite mayonnaise :
- 1 œuf
- 1 cuil. à café de moutarde forte
- 20 cl d'huile d'arachide ou de tournesol
- 5 ml (1 petite cuil. à café) de vinaigre de vin
- Poivre du moulin
- Sel

- Séparer le blanc du jaune, et prendre soin d'enlever le germe.
- Dans un bol, mettre la moutarde et le jaune d'œuf.
- Mélanger vigoureusement.
- Ajouter l'huile au fur et à mesure (*toujours vigoureusement*), puis le vinaigre.
- Ajouter le poivre et le sel.
- Réserver au frais.

Pour la servir avec des crustacés,
mettre du citron à la place du vinaigre.
En fonction de l'accompagnement,
mettre un peu d'huile d'olive ou même 100 % d'huile d'olive.
Ne pas hésiter à ajouter un œuf
pour une mayonnaise plus importante.
Pour faire une sauce mousseline, il suffit de battre le blanc
en neige très ferme, et de l'ajouter à la mayonnaise.
Une bonne mayonnaise maison, c'est facile, et tellement meilleur !!

Pruneaux au vinaigre

Temps de préparation : 30 min
Temps de repos : 12 h
Temps de cuisson : 15 min

Ingrédients pour 1 ou 2 bocaux :
- 1 kg de pruneaux d'Agen
- 1 citron bio
- 300 g de sucre de canne en morceaux
- ½ l de bon vinaigre de vin
- 1 morceau de gingembre (taille de 1 prune)
- 1 cuil. à café de quatre-épices
- 2 clous de girofle
- 1 bâton de cannelle

- Faire tremper les pruneaux pendant 12 heures.
- Les égoutter, et ensuite les piquer avec une épingle ou un bâtonnet (*cure-dents*).
- Éplucher le citron, et couper les pelures en morceaux de 3 à 4 cm.
- Mettre le sucre, le vinaigre, les épices et les épluchures de citron dans une cocotte en fonte.
- Faire chauffer jusqu'à ce que le sucre soit fondu.
- Ajouter les pruneaux, laisser bouillir doucement 15 minutes.
- Passer les bocaux à l'eau bouillante, les égoutter, puis y mettre les pruneaux.
- Retirer la cannelle du jus de cuisson et laisser réduire jusqu'à consistance de sirop avant de verser sur les pruneaux.
- Fermer hermétiquement, retourner les bocaux jusqu'à refroidissement.

Conserver avec vos confitures. Il est préférable d'attendre 1 à 2 mois pour les consommer. Ces pruneaux se conservent très bien, après ouverture, au frigo. Ils se servent avec une bonne terrine et aussi avec du gibier. Délicieux !

Sauce Béchamel de base

Temps de préparation : 5 min
Temps de cuisson : 15 min

Ingrédients sur la base de 50 cl de lait :
- 1 cuil. à soupe de beurre
- 1 cuil. à soupe de farine
- 50 cl de lait
- Noix de muscade
- Sel et poivre

- Dans une casserole (*à fond épais de préférence*), faire fondre le beurre. Quand il commence à frémir, ajouter la farine et battre énergiquement avec le fouet.
- Maintenir la plaque de cuisson à température suffisamment chaude pour que le lait se lie bien au mélange beurre-farine.
- Ajouter peu à peu le lait. La sauce va épaissir au fur et à mesure que vous verserez le lait.
- Poivrer, saler, et ajouter un peu de noix de muscade.

Cette recette est la base la plus simple de la béchamel.
En fonction de l'épaisseur souhaitée, on met plus ou moins de lait.
La différence entre une béchamel et une sauce blanche :
l'une est faite à base de lait, l'autre à base de bouillon.

Sauce blanche

Temps de préparation : 5 min
Temps de cuisson : 15 min

Ingrédients sur la base de 50 cl de sauce :
- 1 cuil. à soupe de beurre
- 1 cuil. à soupe de farine
- 50 cl de bouillon
- 20 cl de crème fraîche entière
- Noix de muscade
- Sel et poivre

- Dans une casserole (*à fond épais de préférence*), faire fondre le beurre. Quand il commence à frémir, ajouter la farine et battre énergiquement avec le fouet.
- Maintenir la plaque de cuisson à température suffisamment chaude pour que le bouillon se lie bien au mélange beurre-farine.
- Ajouter peu à peu le bouillon. La sauce va épaissir au fur et à mesure que vous verserez le liquide.
- Ajouter la crème fraîche.
- Poivrer, saler, et mettre un peu de noix de muscade.

Cette sauce sert de base pour la blanquette, la langue de veau, la poule au riz, etc. Bien sûr, le bouillon est celui qui a servi à cuire la viande !!

Sauce hollandaise

Temps de préparation : 5 min
Temps de cuisson : 15 min

Ingrédients sur la base de 35 cl de sauce :
- le jus de 1 citron
- 3 jaunes d'œufs
- 250 g de beurre
- Sel et poivre
- 1 cuillère à soupe d'eau

- Dans une petite casserole à fond épais, sur feu doux, chauffer (*sans faire bouillir*) le jus de citron et l'eau.
- Ajouter les jaunes d'œufs (*prendre soin d'enlever les germes !*), puis le beurre par petits morceaux.
- Continuer de mélanger, *sans perdre patience* ; la sauce va épaissir tout doucement.
- Quand le beurre est incorporé, et que la sauce commence à bien épaissir, réserver sur feu très très faible.
- Saler et poivrer.

Attention ! Normalement la sauce hollandaise se fait au bain-marie, mais comme je la fais sur induction, cela ne pose pas de problème. Si vous cuisinez au gaz ou autre plaque électrique, prévoyez le bain-marie. Vous pouvez toujours la faire au robot-cuiseur ou au saucier !

Tapenade

Temps de préparation : 2 min

Ingrédients :
- 1 gousse d'ail
- 200 g d'olives dénoyautées de Nyons ou Nice
- 15 g de câpres égouttés
- 20 cl de très bonne huile d'olive
- Un peu de jus de citron

- Éplucher l'ail, le dégermer, et le hacher grossièrement.
- Égoutter les olives.
- Mettre les olives, l'ail et les câpres dans le mixeur et former une pâte.
- Ajouter l'huile petit à petit et le jus de citron.
- Mettre la tapenade dans une ou plusieurs petites terrines.

C'est tout !

Mon conseil : mettre de l'huile selon son propre goût ! La tapenade est délicieuse et se conserve au frigo.

Mon vinaigre maison

Ce n'est pas vraiment une recette, mais une petite histoire...

J'avais l'habitude de faire comme Maman.
Tous les ans, elle achetait du **vinaigre de vin Dessaux**, et l'accommodait à sa façon. Cela se passait au moment où elle trouvait de l'estragon!
À l'époque, les bouteilles étaient en verre. Si elle achetait 5 bouteilles, elle allait préparer 6 bouteilles de vinaigre puisqu'elle y ajoutait de **l'estragon**, **des échalotes et des grains de poivre**. Elle rebouchait bien les bouteilles et les mettait de côté. Au bout de 2 à 3 mois, quand elle n'avait plus de vinaigre de l'année précédente, elle prenait le nouveau.
Bien sûr, j'ai continué comme elle faisait, jusqu'au jour où une petite Bretonne m'a dit de garder tous mes fonds de vin rouge.
Et voici ce que j'ai commencé à faire selon ses explications.
Comme j'avais un magnum, je l'ai mis sur mon frigo, avec un entonnoir, et au fur et à mesure j'y mettais les fonds de bouteilles, les fonds de verres. Avec la chaleur, le vin tournait en vinaigre, et une «mère» s'est constituée.
Je fais toujours comme cela, mes bouteilles sont dans ma cuisine et puis dans mon garage. Il m'arrive d'ajouter du vinaigre, je suis plus sûre de la réussite, et ça va plus vite.
Quand je sens **que le vinaigre est fait**, et bien sûr quand j'ai de l'estragon, **je le passe à travers un filtre en papier**, et je remplis des bouteilles de vin vides, aux 7/8, **je mets mon estragon, mes échalotes coupées en morceaux et les grains de poivre**. Je ferme très bien et laisse reposer mes bouteilles couchées au garage.

C'est absolument délicieux.

Déjà dans un vinaigre de vin ordinaire les épices améliorent complètement le goût. Alors avec un vinaigre maison...

Françoise

Les soupes

Crème de petits pois à la menthe

Préparation : 5 min
Cuisson : 20 min

Ingrédients pour 6 personnes :
- 2 tablettes de bouillon de volaille
- 500 g de petits pois surgelés
- 2 cuil. à soupe d'huile de noix
- 15 cl de crème liquide
- 10 feuilles de menthe
- 125 g de lardons allumettes
- 1 cuil. à soupe d'huile d'arachide
- Poivre du moulin

- Préparer du bouillon en diluant les deux tablettes dans 50 cl d'eau bouillante.
- Plonger les petits pois et faire cuire à frémissement pendant 20 minutes.
- Mixer ensuite les petits pois dans leur bouillon de cuisson avec l'huile de noix, la crème fraîche et les dix feuilles de menthe, à l'aide d'un mixeur plongeant ou mieux d'un blender.
- Rectifier l'assaisonnement si nécessaire. *(Je n'ai pas mis de sel car les tablettes sont salées.)*
- Passer la crème obtenue au chinois pour supprimer les peaux des petits pois et réaliser ainsi un velouté.

Ce velouté se sert chaud ou froid.

Avant de servir, faire revenir et dorer les petits lardons dans l'huile d'arachide. Verser la crème de petits pois dans des bols ou assiettes creuses, répartir au-dessus les petits lardons et décorer d'une feuille de menthe.

Soupe au potiron

Temps de préparation : 20 min
Temps de cuisson : 20 min

Ingrédients pour 4 personnes :
- 1 kg de potiron
- 2 oignons
- 1 cuil. à soupe d'huile d'arachide
- Noix de muscade
- 30 cl de crème fraîche
- Sel et poivre

- Éplucher le potiron, les oignons et les couper en morceaux.
- Faire fondre les oignons dans l'huile, ajouter le potiron.
- Poivrer, saler et râper un peu de noix de muscade.
- Recouvrir d'eau bouillante à hauteur des légumes.
- Cuire 20 minutes.
- Mixer la soupe.
- Ajouter la crème.
- Réchauffer au moment de servir.

Quand nous étions petites, Maman préparait des lardons et des croûtons revenus dans de l'huile et un peu de gruyère râpé. C'était un régal !

Soupe de moules

Temps de préparation : 40 min
Temps de cuisson : 30 min

Ingrédients pour 4 personnes :
- 1 l de moules
- 1 gousse d'ail
- 2 échalotes
- 1 branche de persil
- 1 petite branche de céleri
- 1 dl de vin banc
- ½ l de crème fleurette
- Pistils de safran
- Cerfeuil haché

- Laver soigneusement les moules.
- Hacher l'ail, l'échalote, le persil et le céleri.
- Dans une cocotte, poser cette préparation, couvrir de vin blanc.
- Faire chauffer et ajouter les moules.
- Mélanger et couvrir.
- Au bout de 5 à 6 minutes, les moules s'ouvrent et sont cuites.

Ceci est la recette des moules marinières…

- Ensuite, décoquiller les moules.
- Passer le jus.
- Verser ce jus dans une casserole et laisser réduire d'un tiers.
- Ajouter 35 cl de crème et à petits bouillons laisser réduire encore d'un tiers.
- Ajouter les moules, le safran, et faire réchauffer.
- Pendant ce temps, monter le reste de la crème en chantilly.
- Hors du feu, ajouter la crème fouettée.

Servir dans des assiettes creuses chaudes.
Éparpiller dessus les pluches de cerfeuil.

La soupe tomates
de Grand-mère Lepers

Temps de préparation : 20 min
Temps de cuisson : 30 min

Ingrédients pour 4 à 6 personnes :
- 3 poireaux
- 1 oignon
- 1 kg de tomates bien mûres
- 1 grosse pomme de terre
- Beurre
- Cerfeuil
- Sel, poivre, huile

- Éplucher les poireaux. Couper les verts en petits morceaux et garder les blancs.
- Éplucher l'oignon et la pomme de terre, avant de les couper en morceaux.
- Couper les tomates en gros morceaux.
- Dans une cocotte, faire chauffer un peu d'huile. Ajouter l'oignon, les verts de poireaux, bien mélanger, laisser fondre.
- Ajouter les tomates, mélanger, laisser mijoter quelques minutes.
- Ajouter la pomme de terre.
- Couvrir d'eau bouillante. Saler. Porter à ébullition et laisser cuire 25 minutes.
- Pendant ce temps, dans une casserole, mettre un bon morceau de beurre, laisser fondre et ajouter les blancs de poireaux coupés en rondelles de 15 mm.
- Laisser blondir, mais surtout pas dorer, ajouter un peu d'eau, saler, couvrir et laisser cuire 15 minutes.
- Quand la cuisson est terminée, passer la soupe dans un passe-vite ou au mixeur plongeant. Ajouter ensuite les blancs de poireaux. Au moment de servir, mettre le cerfeuil haché.

Comme c'était bon de tremper du pain beurré dans cette soupe !
Souvenirs…

Velouté de céleri

Temps de préparation : 20 min
Temps de cuisson : 25 min

Ingrédients pour 4 personnes :
- 1 grosse tête de céleri
- 1 oignon
- ½ tablette de bouillon de volaille
- 20 cl de crème fraîche
- 100 g de bleu au choix : Auvergne, roquefort, gorgonzola
- Quelques noix décortiquées
- Sel, poivre, huile

- Éplucher et couper le céleri et l'oignon en petits morceaux.
- Dans une cocotte, chauffer l'huile et faire revenir l'oignon.
- Ajouter le céleri et laisser mijoter 5 minutes.
- Couvrir d'eau chaude à hauteur et ajouter le bouillon de volaille.
- Cuire à frémissement 20 minutes.
- Lorsque le potage est cuit, verser le bouillon et le céleri dans le blender. Ajouter la crème et 60 g de bleu. Mixer pour obtenir un beau velouté.
- Saler et poivrer.
- Servir le velouté dans des assiettes creuses. Ajouter quelques cerneaux de noix et le bleu restant émietté.

Attention de ne pas mettre trop d'eau ! Si vous pensez qu'il y a trop de bouillon, ne mettez pas tout dans le blender. Vous en rajouterez ensuite selon la consistance que vous souhaitez.

Velouté de poivrons

Temps de préparation : 30 min
Temps de cuisson : 15 min

Ingrédients pour 6 personnes :
- 6 poivrons rouges ou jaunes
- 1 gros oignon
- 1 fromage frais à tartiner de taille moyenne
- 1 cube de bouillon de poule
- Sel et poivre

- Nettoyer les poivrons et l'oignon.
- Couper en morceaux.
- Mettre les morceaux dans une cocotte avec le bouillon cube. Poivrer.
- Recouvrir à peine d'eau, laisser cuire environ 15 minutes.
- Mixer avec le fromage frais.
- Passer ce potage au chinois pour enlever toutes les peaux des poivrons.
- Goûter et rectifier l'assaisonnement.

À déguster froid ou chaud suivant la saison.

Colette

Les entrées

Aubergines de Madée

Temps de préparation : 15 min
Temps de cuisson : 1 h

Ingrédients pour 4 personnes :
- 6 petites aubergines (*bien fermes*)
- Huile d'olive
- Fleur de sel
- Ail, basilic ou persil

- **Faire chauffer le four à 180 °C (th. 6).**
- Couper les aubergines en deux dans le sens de la longueur.
- Mettre de l'huile d'olive dans une assiette creuse ou un plat avec de la fleur de sel.
- Presser les aubergines (*côté face coupée*) dans l'huile pour les imprégner d'huile comme une éponge.
- Procéder à cette opération en plusieurs fois.
- Mettre un papier alu ou papier cuisson sur la lèchefrite. Y poser les aubergines côté face, la peau au dessus. Mettre au four.
- Après 15 minutes de cuisson, baisser le four à 150-160 °C (th. 5-6) et laisser cuire encore 45 à 50 minutes.
- Retourner une aubergine et vérifier avec la pointe d'un couteau si elle est cuite.
- Laisser refroidir.
- Préparer l'huile d'olive avec l'ail et le basilic hachés (*ou ail et persil*).
- Badigeonner ce mélange sur les aubergines froides.

C'est une entrée très appréciée.
Très agréable aussi sur un buffet froid.

Carottes râpées

Temps de préparation : 20 min

Ingrédients pour 6 personnes :

- 3 carottes
- ½ cuil. à café de moutarde
- 15 cl de crème fraîche
- 1 jus de ½ citron
- Persil
- Sel et poivre

- Gratter les carottes, les laver et les râper avec une grosse râpe.
- Mélanger la moutarde, le jus de citron et la crème fraîche.
- Saler et poivrer.
- Mélanger cette sauce avec les carottes.
- Goûter et rectifier l'assaisonnement.
- Hacher le persil et le mettre sur les carottes.
- Mettre au frigo.

Variante : remplacer le jus de citron par du jus d'orange, et le persil par de la coriandre.

Petite entrée toute simple ! À servir avec d'autres, comme le céleri rémoulade, les betteraves rouges, les œufs mimosa…
Penser à les sortir du frigo 15 minutes avant de les servir.

Céleri rémoulade

Temps de préparation : 20 min

Ingrédients pour 6 personnes :
- 1 tête de céleri
- Persil

POUR LA SAUCE RÉMOULADE :
- Moutarde
- Vinaigre de vin
- Citron pressé
- Huile d'arachide, tournesol...
- Sel et poivre

- Préparer la sauce rémoulade : dans un plat de service, mettre 1 bonne cuillère de moutarde, ajouter le vinaigre, un peu de jus de citron et bien mélanger.
- Ajouter l'huile peu à peu et monter la sauce comme une mayonnaise.
- Saler et poivrer.
- Réserver.
- Éplucher la tête de céleri, et la râper (*je préfère une grosse râpe*).
- Au fur et à mesure que le céleri est râpé, le mélanger à la sauce rémoulade.
- Le laisser dans le plat ou le présenter comme bon vous semble.
- Saupoudrer de persil haché.
- Garder au frigo.

C'est une entrée que tout le monde aime.

Je fais souvent cette petite entrée, comme dans le temps, avec des carottes râpées, des betteraves rouges, et des œufs mimosa !!! Le chariot des entrées... et aussi les harengs marinés !!!

Cervelle de canuts à ma façon

fromage blanc aux herbes

Temps de préparation : 20 min

Ingrédients pour 4 personnes :
- 1 belle tomate
- ½ botte de ciboulette
- ½ botte de persil
- ½ botte de basilic
- 1 petite échalotte et 1 gousse d'ail
- 1 grosse boîte de fromage blanc
- 1 pincée de piment d'Espelette
- 1 cuil. à soupe d'huile d'olive
- 1 cuil. à soupe de bon vinaigre
- Sel et poivre

- Éplucher la tomate, l'épépiner et la couper en petits morceaux. Ciseler les herbes. Mettre le fromage blanc dans un saladier. Ajouter tous les ingrédients. Mélanger l'ensemble, goûter et rectifier l'assaisonnement si nécessaire.
- Mettre au frigo. Servir bien frais.
  En plat, la servir avec des pommes de terre cuites à la pelure (non épluchées).

L'été, c'est un repas facile et très agréable.
Les ouvriers de la soie lyonnaise s'appelaient « Les canuts ». N'ayant pas beaucoup de moyens, et ne pouvant s'offrir de la cervelle d'agneau, le fromage blanc frais, mélangé aux herbes la remplaçait. Ils en faisaient leur repas du midi.

À Lyon, les ouvriers allaient toujours le matin prendre un « mâchon », ce qui se fait encore...
Il se constitue de cochonnailles diverses et de cervelle de canuts.

Clafoutis
aux tomates cerises et fromage de brebis basque

Temps de préparation : 15 min
Temps de cuisson : 25 min

Ingrédients pour 4 personnes :
- 150 g de fromage de brebis basque *(Etorki ou petit basque)*
- 3 œufs
- 4 cuil. à café de Maïzena
- 20 cl de lait
- 25 cl de crème fraîche liquide
- 1 botte de ciboulette
- 250 g de tomates cerises
- 1 pincée de piment d'Espelette
- Beurre pour le moule
- Sel et poivre

LES ENTRÉES

- **Préchauffer le four à 180 °C (th. 6).**
- Couper le fromage en petits dés.
- Délayer la Maïzena avec un petit fouet dans 1 œuf entier.
- Dans un saladier, battre les 2 autres œufs, ajouter le lait, la crème fraîche, la Maïzena délayée dans l'œuf, saler et poivrer.
- Ajouter la ciboulette émincée finement (*j'en mets environ un petit bouquet*).
- Beurrer une tourtière (*je recommande la tourtière classique en porcelaine à feu*).
- Répartir les tomates cerises coupées en deux et les dés de fromage dans la tourtière.
- Verser la pâte et parsemer d'un peu de piment d'Espelette.
- Enfourner pour 25 minutes.

Servir avec une bonne salade verte.

Crumble de tomates au parmesan

Temps de préparation : 20 min
Temps de cuisson : 25 min

Ingrédients pour 4 personnes :
- 6 grosses tomates bien mûres mais fermes
- 1 bouquet de basilic
- 4 cuil. à soupe d'huile d'olive

POUR LE CRUMBLE :
- 100 g de farine
- 50 g de chapelure
- 100 g de parmesan râpé
- 100 g de beurre demi-sel

- **Préchauffer le four à 160 °C (th. 5-6).**
- Mixer le basilic avec 2 pincées de sel et 2 cuillerées à soupe d'huile d'olive.
- Peler et épépiner les tomates.
- Couper la chair en dés et la faire revenir dans une sauteuse avec le reste d'huile d'olive, une pincée de sucre et de sel.
- Préparation du crumble : mélanger la farine, la chapelure et le parmesan avec le beurre demi-sel ramolli.
- Étaler les tomates dans un plat à gratin et recouvrir du crumble.
- Mettre au four entre 20 et 25 minutes, jusqu'à ce que la pâte soit bien dorée.

Servir avec une bonne salade.

Croquettes aux crevettes grises

Temps de préparation : 1 h 30
Temps de repos : 1 jour
Temps de cuisson : 4 min par fournée

Ingrédients pour 10 croquettes :
- 200 g de crevettes grises épluchées (500 g de crevettes à décortiquer)
- 60 g de beurre
- 120 g de farine
- 25 cl de fumet
- 25 cl lait
- 6 g de gélatine en poudre
- 1 œuf
- 2 cuil. à soupe de crème fraîche
- Le jus de ½ citron
- Chapelure
- Citron
- Persil

POUR LE FUMET :
- 1 carotte
- 1 oignon
- Les épluchures des crevettes
- Sel et poivre

▪ Éplucher les crevettes, et garder les épluchures.

Préparation du fumet :

▪ Dans un faitout, mettre les épluchures des crevettes (*têtes incluses*), la carotte et l'oignon coupés en morceaux, poivrer, saler et recouvrir d'eau, cuire 10 minutes. Laisser refroidir. Passer le fumet à travers un chinois, et réserver le jus.

Préparation du roux :

- Faire fondre le beurre et ajouter la farine, bien mélanger. *Le roux doit rester bien sec.* Ajouter en 3 fois le fumet (*en douceur*), le lait et porter à ébullition, sans cesser de mélanger. Ajouter la gélatine diluée dans le jus de citron. Saler et poivrer. Ajouter le jaune d'œuf (*garder le blanc*), la crème fraîche et tout doucement incorporer les crevettes. Il faut obtenir une boule de ce mélange.
- Mettre la préparation toute une nuit au frigo.

Le lendemain :

- Façonner des croquettes d'environ 80 g. Les fariner, les passer dans le blanc d'œuf et les rouler dans la chapelure.
- Faire chauffer la friteuse à 165 °C. Les plonger dans la friture (*pas toutes en même temps!*) 4 minutes. Frire également un peu de persil.

Bon appétit!
Cette recette est celle de notre belle-sœur Edith, qui est aussi une très bonne cuisinière. Ce n'est pas très facile à faire. Il faut impérativement préparer la farce aux crevettes la veille. Et le lendemain il faut bien envelopper de chapelure les croquettes, autrement la farce s'écoulera dans la friture.
La clé de la réussite est :
– de préparer le fumet avec les épluchures des crevettes grises. (Bien sûr, vous pouvez aussi faire un bouillon de crustacés, mais ce n'est pas pareil!)
– et d'utiliser de la très bonne chapelure.

Pour info :
1 kg de crevettes non épluchées donne entre 350 à 400 g de décortiquées. On peut acheter 50 % de crevettes épluchées, mais... c'est nettement mieux de partir sur 1 kg de crevettes non décortiquées pour avoir davantage d'épluchures!

Effiloché d'endives aux Saint-Jacques

Temps de préparation : 25 min
Temps de cuisson : 34 min

Ingrédients pour 4 personnes :
- 4 endives
- Beurre
- 25 cl de crème fraîche
- 12 coquilles Saint-Jacques fraîches
- Safran
- Sel et poivre

- Enlever le cœur acide des endives, les couper en julienne.
- Dans une casserole à fond épais, faire fondre un peu de beurre, ajouter les endives et les couvrir jusqu'à mi-cuisson.
- À mi-cuisson *(environ après 15 minutes)*, ajouter la crème fraîche, et laisser mijoter tout doucement. La crème va épaissir.
- Laver les coquilles et le corail (*si vous aimez*), déposer le tout sur un papier absorbant.

Juste avant de passer à table :

- Ajouter quelques pistils de safran dans les endives.
- Faire revenir un morceau de beurre dans une poêle, ajouter les coquilles, saler et poivrer. Elles doivent dorer tout simplement, 2 minutes d'un côté, 2 minutes de l'autre.
- Servir en plat ou assiettes individuelles : placer les endives et leur crème dans le fond du plat ou de l'assiette, ajouter les coquilles. Ajouter un pistil de safran sur chaque coquille.
- Dégustez ! C'est très, très bon !!!!

Ce plat se sert en entrée ou en plat avec un peu de riz... Pour varier, il est possible de mettre des blancs de poireaux (seulement les blancs !) à la place des endives.

Filets de harengs marinés

Temps de préparation : 30 min
Temps de repos : 2 à 3 jours

Ingrédients pour une belle terrine :
- 2 sachets de harengs fumés « doux »
- 2 carottes
- 2 citrons
- 2 oignons
- Poivre du moulin
- Thym et laurier
- 1 l d'huile d'arachide ou de tournesol, mais pas d'olive
- Persil

- Enlever les harengs de leur sachet, réserver. *(Vérifier que les harengs soient bien en filets.)*
- Couper tous les légumes y compris les citrons, en tranches très fines.
- Dans une terrine, poser successivement les harengs, les rondelles de carottes, d'oignons, de citrons, et poivrer. Recommencer jusqu'à ce qu'il n'y ait plus de harengs ni légumes.
- Recouvrir d'huile *(peut-être qu'il faudra plus de 1 l, il faut que tout soit recouvert).*
- Mettre le couvercle.
- Mettre au frigo, ou à la cave.

Servir après 3 ou 4 jours. (Si la terrine était au frigo, penser à la sortir un peu avant de servir…)
Ces harengs se mangent en entrée ou en plat. Dans ce cas, prévoir des pommes de terre cuites à l'eau et pourquoi pas de la crème fraîche, le tout saupoudré de persil haché.

La Saint-Jacques tout simplement

Temps de préparation : 15 min
Temps de cuisson : 3 min

Ingrédients pour 1 personne :
- 2 belles coquilles Saint-Jacques *(garder les coquilles)*
- Beurre
- Thym vert bien frais, ou thym citron
- Fleur de sel et poivre

- **Allumer le gril du four.**
- Couper les noix de Saint-Jacques en 2 ou 3 lamelles. Les beurrer largement de chaque côté.
- Beurrer également les coquilles vides, parsemer de fleur de sel.
- Disposer les lamelles de Saint-Jacques les unes près des autres, sans les entasser.
- Parsemer de fleur de sel, de thym frais et un peu de poivre.
- Mettre les coquilles au four, sous le gril bien chaud, 3 minutes.
- À la sortie du four, arroser de quelques gouttes de citron.
- Servir dans la coquille.

Entrée toute simple, et délicieuse.

Moules à la crème persillée et ail

Temps de préparation : 20 min
Temps de cuisson : 10 min

Ingrédients pour 2 personnes :
- 600 g de moules
- Persil
- ½ gousse d'ail
- 1 cuil. à soupe d'huile d'olive
- 20 cl de crème fraîche

- Laver les moules, et les faire égoutter.
- Couper le persil et l'ail, réserver.
- Dans une poêle, faire chauffer l'huile d'olive, y ajouter les moules.
- Dès qu'elles commencent à s'ouvrir, ajouter la moitié du mélange persil-ail. Mélanger.
- Quand elles sont presque toutes ouvertes, ajouter la crème fraîche, bien mélanger et laisser réduire, jusqu'à épaississement.
- Ajouter le reste du mélange persil-ail.
- Servir aussitôt.

Servir dans des assiettes creuses, ou directement dans la poêle.
Saucer avec du pain... C'est délicieux, petite entrée économique.
Si les moules donnent trop de jus, en enlever un peu.
C'est tellement meilleur quand la sauce a bien épaissi !

Mousse de thon au citron

Temps de préparation : 20 min
Temps de repos : 2 h

Ingrédients pour 6 à 8 personnes :
- 1 boîte de thon au naturel (190 g)
- 60 g de beurre ramolli
- Le zeste de 1 citron (vert si possible)
- 2 cuil. à soupe de jus de citron
- 3 cuil. à soupe d'huile d'olive
- ½ cuil. à café d'origan
- 1 belle gousse d'ail hachée
- 1 pincée de piment d'Espelette
- 1 brin de persil
- Sel fin

- Égoutter le thon.
- Le mixer avec tous les ingrédients.
- Mettre la mousse dans une petite terrine et ajouter un brin de persil pour la décoration !
- Conserver au frigo mais ne pas la servir trop froide.

C'est tout simple, c'est très bon à l'apéritif avec du pain grillé ou des blinis.

Œufs « mimosa »

Temps de préparation : 25 min
Temps de cuisson : 10 min

Ingrédients pour 6 personnes :
- 8 œufs
- Persil

POUR LA MAYONNAISE :
- Voir la recette **Mayonnaise de base**

- Mettre les œufs dans une casserole d'eau bouillante (*si possible les percer auparavant avec le petit appareil spécial !*). Quand l'eau bout à nouveau, les laisser cuire 10 minutes. Quand ils sont cuits, les refroidir à l'eau froide. Les écaler.
- Pendant qu'ils refroidissent, préparer la mayonnaise.
- Goûter. Ajuster si nécessaire et réserver.
- Quand les œufs sont refroidis, les couper en deux dans le sens de la longueur !
- Enlever le jaune et garder le blanc. Attention de ne pas les abîmer !
- Mettre les jaunes dans une assiette et les écraser.
- Réserver 1 cuillerée à café de jaune écrasé.
- Ajouter la mayonnaise aux jaunes écrasés, jusqu'à consistance et goût désirés.
- Garnir au moins 12 demi-blancs d'œufs. S'il reste de la garniture, remplir les derniers.
- Sur un plat de service, poser quelques feuilles de salade, et poser les demi-œufs garnis. Saupoudrer de persil haché et du reste de jaune d'œuf écrasé.
- Mettre au frigo.

Encore un régal que tout le monde adore !!

Œufs pochés à la crème

Entrée froide

Temps de préparation : 15 min
Temps de cuisson : 3 min pour 2 œufs à la fois

Ingrédients pour 4 personnes :
- 4 œufs
- 25 cl de crème fraîche
- Citron
- 1 cuil. à café de moutarde forte
- 1 bouquet de ciboulette
- Sel et poivre

- Pocher les œufs *(voir la recette Les œufs pochés de notre enfance).*
- Lorsqu'ils sont froids, mettre chaque œuf dans un ramequin.
- Dans un cul-de-poule, mélanger la crème avec un filet de citron, la moutarde et la ciboulette coupée très finement, poivrer et saler. Goûter et ajuster si nécessaire.
- Recouvrir chaque œuf de ce mélange.
- Mettre au frigo quelques heures.

À servir en entrée, mais c'est très sympa pour un apéritif dînatoire !
C'est encore une recette de Maman !

Œufs pochés
de Grand-maman Lepers

Temps de préparation : 15 min
Temps de cuisson : 3 min pour 2 œufs à la fois

Ingrédients :
- Beurre
- Ail
- Persil
- 1 ou 2 œufs extra-frais par personne
- Sel et poivre

- Mettre dans une petite casserole la quantité de beurre (environ 15 g par personne), ajouter une pointe d'ail émincé et du persil plat ciselé, sel et poivre.
- Faire chauffer doucement ; le beurre ne doit pas cuire.
- Pocher les œufs *(voir la recette Les œufs pochés de notre enfance).*
- Déposer un œuf ou deux dans un petit plat en porcelaine que vous aurez fait chauffer et arroser les œufs d'une cuillère de beurre d'escargot bien chaud.
- Servir aussitôt.

Les œufs pochés de notre enfance

Temps de préparation : 40 min
Temps de cuisson : 15 min pour la sauce, et 3 min pour 2 œufs

Ingrédients pour 4 personnes :
- 4 œufs très frais
- 1 belle gousse d'ail
- Beurre
- 1 petite boîte de 70 g de concentré de tomates
- 1 cuil. à café de Maïzena
- 1 pincée de sucre en poudre
- 2 cuil. à soupe de crème fraîche
- 4 tranches de pain de mie
- 10 cl de vinaigre d'alcool blanc
- Sel et poivre

Facultatif :
500 g d'épinards frais ou congelés (*si on veut en faire un plat pour le soir*)

La sauce tomate

- Faire revenir une gousse d'ail haché dans une casserole avec du beurre *(ne surtout pas laisser roussir).*
- Ajouter tout le contenu du concentré de tomates en remuant bien avec le beurre et l'ail.
- Délayer petit à petit une cuillère à café de Maïzena avec 15 cl d'eau froide.
- Ajouter dans la casserole et chauffer le tout en remuant jusqu'à épaississement.
- Ajouter une petite pincée de sucre en poudre.
- Poivrer, saler et ajouter la crème fraîche.
- Maintenir au chaud ou réchauffer doucement avant de servir.

Le pain

- Dans une poêle, faire dorer à l'huile ou au beurre les 4 tranches de pain de mie.

Les œufs

- Faire bouillir de l'eau dans une grande casserole. Quand l'eau bout, y ajouter 10 cl de vinaigre d'alcool blanc.
- Casser les œufs séparément dans une tasse.
- Dans l'eau frémissante, verser délicatement deux œufs dans la casserole.
- Avec une spatule, recouvrir légèrement le blanc d'œuf sur les jaunes.
- Attendre 3 minutes puis les sortir délicatement, un à un, avec une écumoire et les poser sur un torchon propre plié en quatre, pour les laisser égoutter.
- Recommencer l'opération pour les deux œufs suivants.

Dans chaque assiette, disposer sur le toast bien chaud un œuf poché. Poivrer et saler légèrement. Recouvrir de sauce tomate maintenue au chaud.
Pour en faire un dîner le soir, cuire 500 g d'épinards et disposer sur l'assiette à côté des œufs.

C'est une création de notre Maman.
On adorait cette sauce tomate accompagnant les œufs.
Nos enfants et petits-enfants s'en régalent toujours.
Maman préparait également cette sauce
pour accompagner des pâtes.
Dans ce cas, doubler les quantités en utilisant
une boîte de concentré de tomates de 140 g.

Œufs pochés en gelée

Temps de préparation : 15 min
Temps de cuisson : 3 min pour 2 œufs à la fois

Ingrédients :
- 1 œuf par personne
- 1 sachet ou 2 de gelée Maggi (*suivant le nombre d'œufs que l'on désire*)
- Estragon frais
- Jambon ou saumon fumé
- Ramequin *(vous avez des petits ramequins spéciaux pour les œufs en gelée)*

- Pocher les œufs *(voir Les œufs pochés de notre enfance)*.
- Faire la gelée suivant les indications, laisser refroidir.
- Dans le fond des ramequins placer 2 feuilles d'estragon en croix, et un petit morceau de jambon.
- Ajouter un peu de gelée, faire prendre au frigo ou congélateur.
- Ajouter ensuite l'œuf et recouvrir avec la gelée, faire prendre au frigo.
- Si vous servez l'œuf dans son ramequin, les ingrédients sont à mettre sur le dessus.
- Si vous le démoulez, les mettre en dessous (comme expliqué ci-dessus).

Servir bien frais.

Variante : remplacer l'estragon par de l'aneth et le jambon par du saumon fumé.

C'est toujours très apprécié pour un apéro dînatoire...

Œufs pochés sauce hollandaise

Temps de préparation : 15 min
Temps de cuisson : 3 min pour 2 œufs à la fois + 15 min pour la sauce

Ingrédients pour 4 personnes :
- 4 œufs frais

POUR LA SAUCE HOLLANDAISE :
- ½ jus de citron
- 1 jaune d'œuf
- 150 g de beurre
- Cerfeuil
- Sel et poivre

- Pocher les œufs *(voir la recette Les œufs pochés de notre enfance).*
- Préparer la sauce hollandaise : dans une casserole à fond épais, faire chauffer (*sans le faire bouillir*) le jus de citron à chaleur moyenne.
- Quand il est chaud, ajouter le jaune d'œuf, mélanger vivement, puis ajouter le beurre par petits morceaux.
- Continuer de mélanger, *(ne pas perdre patience)*, la sauce va épaissir tout doucement, saler et poivrer.
- Servir l'œuf dans une coupelle, recouvert d'une belle cuillère de sauce hollandaise. Ajouter un peu de cerfeuil.

C'est une très bonne et surprenante entrée !

Attention ! Habituellement la sauce hollandaise se fait au bain-marie, mais comme je la fais sur induction, cela ne pose pas de problème. Si vous cuisinez au gaz ou sur plaque électrique, prévoir le bain-marie. Il y a toujours possibilité de la faire au robot cuiseur ou au saucier !

Œufs pochés sur chantilly au saumon fumé

Temps de préparation : 15 min
Temps de cuisson : 3 min pour 2 œufs + 20 min

Ingrédients pour 8 personnes :
- 8 œufs
- Ciboulette
- Cerfeuil
- ½ citron
- 150 g de tomates
- 30 cl de crème fraîche liquide
- Piment d'Espelette
- 350 g cœur de saumon fumé
- Sel et poivre

- Pocher les œufs *(voir la recette : Les œufs pochés de notre enfance).*
- Laisser refroidir.
- Laver et sécher ciboulette et cerfeuil. Couper la ciboulette finement. Hacher le cerfeuil aux ciseaux. Garder quelques pluches pour la finition.
- Prélever le zeste de ½ citron, le hacher finement. Le mettre dans une petite casserole, recouvrir d'eau, amener à ébullition et laisser bouillir 4 à 5 minutes. Rafraîchir, égoutter et réserver.
- Peler les tomates, les épépiner et tailler la chair en tout petits dés et réserver. Détailler le saumon en lanières puis en petits dés.
- Verser la crème dans une terrine et fouetter la jusqu'à ce qu'elle épaississe et prenne la consistance d'une chantilly. Quand elle est ferme, l'assaisonner de 2 à 3 pincées de sel, 4 à 5 tours de moulin à poivre, d'une pointe de couteau de piment d'Espelette et de quelques gouttes de jus de citron. Mélanger délicatement, puis ajouter les dés de tomates, les dés de saumon fumé, les herbes et le zeste de citron blanchi. Mélanger à nouveau.
- Répartir la chantilly dans des coupes individuelles ou des verres, poser au-dessus l'œuf poché et recouvrir de chantilly. Parsemer de cerfeuil.

Pain de veau

Temps de préparation : 30 min
Temps de cuisson : 45 min

Ingrédients pour 8 à 10 personnes :

- 4 tranches de pain de mie
- 1 ou 2 gousses d'ail
- 25 cl de lait
- 800 g de veau haché
- 600 g de chair à saucisses
- 4 échalotes
- Ciboulette, estragon, cerfeuil
- Chapelure, sel, poivre, quatre-épices, poivre vert
- 5 œufs
- 50 g de beurre

- **Préchauffer le four à 210 °C (th. 7).**
- Enlever la croûte des tranches de pain de mie, et les frotter à l'ail.
- Les faire tremper dans le lait.
- Mélanger le veau haché, la chair à saucisses, le pain bien pressé, les échalotes et les fines herbes hachées, le poivre vert, du sel, du poivre, des quatre-épices, 2 jaunes d'œufs et 2 œufs entiers.
- Former un grand rôti régulier.
- Enrober avec un jaune d'œuf.
- Saupoudrer de chapelure, ajouter quelques noisettes de beurre.
- Mettre au four chaud pendant 45 minutes.

En plat, ce pain de veau peut être servi chaud avec un coulis de tomates et un peu de riz basmati. Mais il est épatant sur un buffet l'été, servi froid, coupé en tranches avec une concassée de tomates crues bien relevée et/ou une mayonnaise. Garder les blancs d'œufs pour une petite douceur sucrée… Des congolais, par exemple (voir la recette Le congolais de Diane).

Poivrons marinés

Temps de préparation : 30 min
Temps de cuisson : 30 min

Ingrédients pour 4 personnes :
- 6 ou 8 poivrons rouges
- Une vingtaine de feuilles de basilic
- 3 gousses d'ail
- 15 cl d'huile d'olive
- Sel et poivre

- **Préchauffer le gril du four.**
- Poser les poivrons dans le four sur une feuille de papier aluminium, sous le gril très chaud.
- Les retourner de temps en temps jusqu'à ce qu'ils soient noirs et boursouflés de tous côtés.
- Les sortir du four et laisser refroidir.
- Peler les poivrons puis les couper en deux pour les débarrasser de leurs graines.
- Couper les poivrons en lamelles et les disposer dans une terrine ou un plat creux.
- Hacher ensemble l'ail et le basilic.
- Saler et poivrer.
- Recouvrir d'huile d'olive, ajouter le mélange d'ail et basilic.
- Bien mélanger le tout, couvrir et laisser au frigo.
- Sortir du frigo au moins 30 minutes avant de servir.

Ces poivrons se conservent plusieurs jours au frigo.
C'est délicieux avec des filets d'anchois de Collioure.

Soufflé au fromage comme à la maison !

Temps de préparation : 30 min
Temps de cuisson : 20 min

Ingrédients pour 4 personnes :
- 4 œufs
- Beurre
- 1 cuil. à soupe de farine ou Maïzena
- 50 cl de lait
- Noix de muscade
- 100 g de gruyère râpé
- 1 gousse d'ail
- Sel et poivre

- **Préchauffer le four à 220 °C (th. 7-8).**
- Séparer les blancs des jaunes.
- Dans une casserole à fond épais :
- Faire fondre un morceau de beurre, ajouter la cuillère de farine et bien mélanger.
- Verser le lait doucement tout en mélangeant énergiquement pour éviter les grumeaux.
- Ajouter un peu de noix de muscade râpée, poivrer et saler très légèrement.
- Ajouter les jaunes d'œufs, puis le gruyère râpé.
- Enlever la casserole du feu.
- Beurrer le moule à soufflé, frotter le plat avec la gousse d'ail coupée en deux.
- Battre les blancs en neige très ferme.
- Ajouter délicatement les blancs à la préparation avec un fouet à main.
- Mettre le tout dans le moule à soufflé, enfourner pour 20 minutes. *Surtout ne pas ouvrir le four pendant la cuisson, cela empêche le soufflé de monter.*
- Servir sans attendre.

On peut servir ce soufflé avec une bonne salade, il faut surtout passer à table avant la fin de la cuisson !

Tagliatelles de courgettes ou concombres

Temps de préparation : 15 min

Ingrédients pour 2 à 3 personnes :
- 1 belle courgette, ou 1 concombre
- Huile d'olive
- Vinaigre balsamique
- Persil et/ou coriandre
- Sel et poivre

- Éplucher la courgette ou le concombre avec un économe.
- Continuer avec l'économe jusqu'aux graines et former de belles « tagliatelles ».
- Placer les tagliatelles dans un plat, ajouter un filet d'huile d'olive, et un peu de vinaigre balsamique, saler, poivrer.
- Parsemer de persil ou coriandre haché.

C'est très facile, une petite entrée toute simple qui peut servir d'accompagnement avec un saumon fumé ou mariné.

Tartare de betteraves rouges

Temps de préparation : 30 min

Ingrédients pour 4 personnes :
- 3 betteraves rouges cuites
- Mayonnaise
- Piment d'Espelette
- Worcester sauce
- 1 feuille de gélatine
- Ciboulette

Au choix :
- Saumon fumé ou jambon de parme ou copeaux de parmesan
- Sel et poivre

- Couper les betteraves rouges en petits dés.
- Incorporer une mayonnaise bien relevée avec le piment d'Espelette et la Worcester sauce.
- Ajouter une feuille de gélatine fondue dans un peu d'eau.
- Laisser refroidir au frigo au moins une heure.
- Dresser sur les assiettes à l'aide d'un petit moule rond.
- Disposer au-dessus une chiffonnade de saumon fumé, de jambon de Bayonne ou de copeaux de parmesan.
- Terminer par quelques brins de ciboulette.
- Décorer l'assiette avec quelques feuilles de roquette et quelques gouttes de vinaigre balsamique.

Tarte provençale à la tomate

Temps de préparation : 20 min
Temps de cuisson : 30 min

Ingrédients pour tarte de 25 à 30 cm :
- Une pâte feuilletée surgelée
- 5 belles tomates bien mûres
- 1 bouquet de basilic
- 5 cl d'huile d'olive
- 2 gousses d'ail
- Coulis ou concentré de tomates
- Thym frais
- Sucre
- Sel et poivre

- **Préchauffer le four à 200 °C (th. 6-7).**
- Étaler la pâte dans une tourtière, la piquer à coups de fourchette.
- Réserver la pâte au frigo.
- Peler les tomates.
- Couper les tomates en rondelles de 5 mm. Attention, les couper en commençant par le chapeau !
- Faire le pistou en mixant le basilic, l'huile d'olive et l'ail.
- Étaler le coulis de tomates sur la pâte, badigeonner avec la moitié du pistou.
- Poivrer, saler et sucrer.
- Ajouter le thym frais.
- Disposer les rondelles de tomates.
- Mettre au four 30 minutes, temps à surveiller.
- À la sortie du four, recouvrir du reste de pistou.

Petit conseil : ne pas utiliser de tourtière en porcelaine car la pâte cuit moins bien et n'est pas croustillante.

Terrine de foies de volaille

Temps de préparation : 30 min
Temps de cuisson : 1 h 30

Ingrédients pour une belle terrine :
- 400 g de porc (rouelle)
- 400 g de veau (blanquette ou autre)
- 800 g de foies de volaille
- 200 g de lard gras
- 1 gousse d'ail hachée
- 1 échalote hachée
- 1 œuf entier
- 1 cuil. à soupe de farine
- 2 petits verres de cognac, whisky ou porto
- Thym, laurier
- Gelée Maggi
- Sel et poivre

- **Préchauffer le four à 200 °C (th. 6-7).**
- Hacher les viandes ou le demander à votre boucher s'il est beau et gentil.
- Dans un grand plat, mélanger les viandes hachées, et tous les ingrédients.
- Mettre la préparation dans 1 ou 2 terrines.
- Mettre au four au bain-marie pour 1 h 15 à 1 h 30.
  On peut laisser refroidir la terrine dans le four éteint.
- Ajouter en fin de cuisson de la gelée Maggi.

Personnellement quand ma terrine est cuite, je vide le gras et ajoute alors ma gelée.

Variante : garder quelques foies entiers à poser au milieu de la terrine avant cuisson !

Terrine de courgettes

Temps de préparation : 15 min
Temps de cuisson : 20 min + 50 min

Ingrédients pour 6 personnes :
- 1,2 kg de courgettes bien fermes
- 2 gros oignons
- 2 noisettes de beurre ou huile olive
- 2 gousses d'ail
- 1 cuil. à soupe de Maïzena
- 5 œufs
- ½ botte de persil plat
- 1 pincée de noix de muscade
- Beurre pour le moule

- Éplucher les courgettes, 1 bande sur 2 et les couper en fines rondelles.
- Émincer les oignons et les faire revenir sans coloration dans une sauteuse avec une noisette de beurre ou d'huile d'olive, à feu moyen.
  Au bout de 5 minutes, ajouter les courgettes puis l'ail écrasé, saler, poivrer.
- Couvrir les 10 premières minutes, les courgettes vont lâcher leur eau. Découvrir ensuite pour que l'eau s'évapore progressivement *(environ 10 minutes).*
- Les courgettes sont pratiquement cuites, mais entières. S'il reste encore un peu d'eau, les égoutter dans une passoire.
- **Préchauffer le four à 180 °C (th. 6).**
- Délayer avec un petit fouet la Maïzena dans le premier œuf.

- Quand il n'y a plus de grumeaux, ajouter les autres œufs.
- Battre à la fourchette avec le persil haché et la muscade tamisée.
- Mélanger aux courgettes et verser dans un moule à cake beurré.
- Enfourner et laisser cuire entre 45 et 50 minutes.
- Quand la terrine est refroidie, la mettre au frigo.

Servir la terrine bien froide, coupée en tranches accompagnée d'une mayonnaise à la ciboulette ou d'un coulis de tomates et du citron. À préparer la veille.

Terrine de lièvre

Temps de préparation : 1 h
Temps de cuisson : 3 à 4 h

Ingrédients :
- 1,1 kg de lièvre
- 250 g de porc frais
- 250 g de rouelle de veau
- 100 g de gras de porc
- 250 g de poitrine de lard (en dés ou hachée)
- 1 tasse à café de cognac
- Persil, thym, 1 gousse d'ail, 2 clous de girofle
- Gelée Maggi
- Bardes de lard pour tapisser la terrine
- Sel *(15 g par kg)* et poivre *(3 g par kg)*

- **Préchauffer le four à 150 °C (th. 5).**
- Hacher finement le lièvre, le porc et le veau. Ajouter le lard en dés, puis les clous de girofle, l'ail pilé, le persil haché, le thym, le sel et le poivre.
- Mélanger le tout avec la moitié du cognac.
- Tapisser une terrine de bardes de lard.
- Remplir une ou plusieurs terrines avec la préparation et recouvrir avec le reste de cognac.
- Lutter les terrines : réaliser un pâton fait de farine et d'eau, le rouler et le poser sur le couvercle pour bien l'étancher.
- Cuire au bain-marie pendant 3 à 4 heures, en fonction de la taille des terrines, à four moyen.
- À la sortie du four, enlever la croûte de farine et recouvrir la terrine avec une préparation à base de gelée Maggi et remettre le couvercle.
- Laisser refroidir et mettre au frigo.

À déguster 3 jours après.

Toasts aux champignons

Temps de préparation : 20 min
Temps de cuisson : 10 min

Ingrédients pour 4 personnes :
- 300 g de champignons de Paris
- Beurre
- 1 citron
- Moutarde
- 20 cl de crème fraîche liquide
- 4 tranches de pain de mie
- Persil haché

- Après nettoyage des champignons, les couper en fines lamelles.
- Dans une casserole, faire fondre un morceau de beurre et ajouter les champignons et le jus d'un ½ citron (*Les champignons sont très vite cuits !*).
- Les égoutter puis les remettre dans la casserole,
- Ajouter un peu de moutarde forte, et de la crème fraîche.
- Bien mélanger, la crème va épaissir. Réserver au chaud.
- Toaster les tranches de pain. Les beurrer et les recouvrir de champignons.
- Mettre un peu de persil haché.

C'est une petite entrée toute simple, facile à réaliser et appréciée !

Ma terrine maison

Temps de préparation : 30 min
Temps de cuisson : 1 h 30

Ingrédients pour une belle terrine :
- 1 kg de hachis de porc et de veau
- 1 œuf entier
- 1 cuil. à soupe de farine
- 1 oignon haché finement et/ou 1 échalote
- 1 bouquet de persil haché finement
- 1 bouquet de cerfeuil haché finement
- 1 cuil. à café de fleur de thym
- 1 feuille de laurier
- 1 cuil. à soupe de cognac *(ou autre alcool)*
- 1 pincée de piment d'Espelette
- 1 blanc de poulet *(facultatif)* et/ou foie de volaille *(facultatif)*
- 1 paquet de gelée Maggi au Madère
- 200 g de saindoux *(pour conserver la terrine plus longtemps)*
- 1 cuil. à café de sel
- 3 tours de moulin à poivre

- **Préchauffer le four à 180 °C (th. 6).**
- Mettre tous les ingrédients dans un plat, et mélanger avec les doigts *(mettre un gant)*.
- Couper le blanc de poulet et/ou foie en morceaux, réserver.
- Quand tout est bien malaxé, mettre la composition dans une ou plusieurs terrines en intercalant les blancs de poulet et/ou les foies de volaille.
- Ajouter sur le dessus une feuille de laurier et une branche de thym.
- Couvrir de préférence avec le couvercle de la terrine !
- Mettre au four, au bain-marie, et laisser la température à 180 °C (th. 6).
- Laisser cuire 1 h 30.

- À la fin de la cuisson, ajouter de la gelée Maggi au Madère que vous aurez préparée et recouvrir *(il est possible de mettre la gelée pour 50 % en milieu de cuisson).*
- Laisser refroidir, sans mettre au frigo.
- Lorsque c'est tiède, rajouter le saindoux que vous aurez fait fondre. Recouvrir.
- Quand les terrines seront refroidies, les mettre au frigo.
- Attendre 3 à 4 jours avant dégustation.

Le fait de mettre du saindoux
permet de garder la terrine plus longtemps.
Les bouquets de persil, etc.
sont à mettre au choix, selon la saison,
le blanc de poulet et/ou le foie ne sont pas indispensables.
Travailler selon son inspiration, question d'humeur.

Tomates aux crevettes

Temps de préparation : entre 15 et 30 min, selon la quantité...

Ingrédients pour 4 personnes :
- 1 ou 2 tomates par personne
- 200 g de crevettes grises

POUR LA MAYONNAISE :
- Voir la recette **Mayonnaise de base**
- Salade verte pour la décoration
- Sel

- Évider les tomates.
- Mettre un peu de sel à l'intérieur des tomates et les retourner sur une plaque afin qu'elles perdent leur eau.
- Faire une bonne mayonnaise maison bien relevée.
- Mélanger les crevettes à la mayonnaise et remplir les tomates.
- Mettre un peu de salade sur le plat de présentation et ajouter les tomates.

Nous mangions souvent cette entrée quand nous étions jeunes, c'était à La Panne quand nous y allions pour le week-end ou pendant les vacances.

Turban de poisson, beurre printanier

Temps de préparation : 30 min
Temps de cuisson : 45 min

Ingrédients pour 6 personnes :
- 500 g de chair de merlan
- 2 blancs d'œufs
- 50 cl de crème épaisse
- 300 g de filet de saumon
- 3 blancs de poireaux
- 4 carottes
- Sel et poivre
- Un moule à baba

POUR LE BEURRE PRINTANIER :
- 150 g de beurre demi-sel
- Poivre
- 2 cuil. à café de jus de citron
- Ciboulette, cerfeuil, persil

Beurre printanier

- Mélanger le beurre à température ambiante avec le jus de citron et le poivre. Ajouter la ciboulette coupée finement, le cerfeuil haché et le persil haché. Former un rouleau et mettre au frigo.

- **Préchauffer le four à 180 °C (th. 6).**
- Passer au mixeur la chair du merlan, ajouter les blancs d'œufs, du sel, du poivre, et mixer à nouveau. Mettre au frais 15 minutes. Ajouter la crème, mixer à nouveau. Remettre au frais 15 minutes. Beurrer le moule à baba. Le remplir de la moitié de la farce. Répartir les filets de saumon salés. Recouvrir avec le reste de la farce. Faire cuire au bain-marie au four pendant 45 minutes.
- Pendant ce temps, pocher les légumes coupés en julienne.
- Démouler le poisson.
- Égoutter les légumes et les disposer au centre de la couronne.
- Servir avec le beurre printanier découpé en tranches de 1 cm d'épaisseur, disposées autour de la couronne.

Les plats

Les accompagnements

Les salades

Les poissons et fruits de mer

Les viandes

Les volailles et gibiers

Crème de persil

Temps de préparation : 15 min
Temps de cuisson : 10 min

Ingrédients pour 4 personnes :
- 1 botte de persil frisé
- 1 gousse d'ail
- 20 cl de crème fraîche

- Équeuter le persil et le laver.
- Cuire le persil à l'eau *(10 minutes)* avec une belle gousse d'ail.
- Après cuisson, l'égoutter et le mixer.
- Ajouter de la crème fraîche (*plus ou moins*).

Cette petite crème accompagne un poisson, une viande blanche ou tout simplement des pommes de terre nature ou des haricots verts.

Croquettes de pommes de terre du livre de recettes de Maman

Temps de préparation : 20 min + 20 min
Temps de repos : 4 h
Temps de cuisson : 4 min par fournée

Ingrédients pour 12 croquettes :
- 1 kg de pommes de terre bintje
- 20 cl de crème fraîche entière
- 20 cl de lait
- 1 jaune d'œuf
- 25 g de beurre
- Noix de muscade
- 2 blancs d'œufs
- Chapelure
- Sel et poivre

- Faire une purée (voir la recette **Purée de pommes de terre**).
- Ajouter 1 jaune d'œuf.
- Bien mélanger et laisser refroidir.
- Quand la purée est froide, former des petites croquettes. Les rouler dans les blancs d'œufs, et ensuite dans la chapelure.
- Dans la friture bien chaude, poser les croquettes et les laisser environ 4 minutes.
- Les égoutter, les poser sur un papier essuie-tout pour absorber le trop-plein d'huile.
- Mettre les croquettes sur un plat de service.

Papa nous faisait des croquettes de pommes de terre quand nous étions à La Panne.

Les frites comme à la maison

Temps de préparation : 15 min
Temps de cuisson : 7 min + 6 min

Ingrédients pour 6 personnes :
1 kg de pommes de terre bintje

- Éplucher puis laver les pommes de terre et les essuyer.
- Couper ces dernières en bâtonnets de l'épaisseur désirée mais environ 1 cm.
- Faire chauffer la friteuse. Si elle est électrique, à 170 °C, sinon, surveiller et tremper une frite crue dans l'huile dès qu'elle semble chaude. *Si la frite crépite, c'est bon.* Verser les frites dans la friteuse, *tout doucement pour éviter les éclaboussures*, en deux ou trois fois selon la taille de la friteuse et la quantité de frites. Dès qu'elles remontent à la surface, elles sont légèrement dorées, les retirer aussitôt en les secouant bien avec le panier ou la pelle à friteuse. *Cette première étape peut être effectuée plusieurs heures à l'avance.* Il faut au moins attendre une demi-heure entre les 2 cuissons.
- Refaire chauffer la friteuse à 190 °C (th. 6-7).
- S'assurer que l'huile est bien chaude avant de replonger les frites en deux ou trois fois.
- Attendre que les frites soient bien dorées et croustillantes.
  Dès qu'elles sont cuites, les frites chantent ! Si vous écoutez bien, vous constaterez que le bruit n'est pas le même.
- Bien les égoutter et les mettre dans le plat de service. Servir aussitôt.

Pour faire de bonnes frites, il faut utiliser de l'huile d'arachide.
Certaines personnes lavent les frites coupées. Question de goût…
Il est conseillé de ne pas les saler avant de les servir, les frites ramollissent.

Quand nous étions jeunes, nous mangions des frites,
au moins 2 à 3 fois par semaine.
Nous avions une grande friteuse en fonte, et les frites
étaient délicieuses, croustillantes, meilleures qu'en classe
quand nous étions demi-pensionnaires.

Gratin dauphinois

Temps de préparation : 30 min
Temps de cuisson : 2 h

Ingrédients pour 4 personnes :
- 800 g de pommes de terre
- 1 gousse d'ail
- 25 cl de crème fraîche liquide
- 50 cl de lait entier
- Muscade
- Beurre pour le plat
- Sel et poivre

- **Préchauffer le four à 160 °C (th. 5-6).**
- Éplucher, laver, et couper les pommes de terre en fines rondelles (*avec mandoline ou robot*).

Ne pas les laver après les avoir coupées.
- Beurrer le plat et le frotter avec l'ail.
- Étaler une couche de pommes de terre, saler et poivrer.
- Répéter l'opération jusqu'en haut du plat.
- Verser le lait et la crème jusqu'à effleurer les pommes de terre.
- Ajouter de la noix de muscade râpée.
- Mettre au four : cuisson 2 heures environ (*à surveiller*).

Vous pouvez mettre plus de crème et moins de lait.
Maman mettait du gruyère râpé entre chaque couche de pommes de terre, recouvrait avec du lait et terminait par une couche de gruyère avec quelques morceaux de beurre.

Petits pois de Maman

Temps de préparation : 1 h
Temps de cuisson : 1 h

Ingrédients pour 6 personnes :
- 2 kg de petits pois à écosser
- 500 g de poitrine de porc fraîche
- 1 cuil. à soupe d'huile
- 1 botte d'oignons nouveaux
- 6 cœurs de laitue
- 2 gousses d'ail
- Thym et laurier
- Une noisette de beurre
- Sel et poivre

- Écosser les petits pois, et les recouvrir des cosses en attendant de les préparer.
- Faire revenir la poitrine de porc dans une cocotte dans laquelle vous aurez mis du beurre et un peu d'huile.
- Pendant ce temps, éplucher les oignons. Préparer les cœurs de laitue.
- Quand la poitrine est bien dorée, l'enlever de la cocotte.
- Ajouter les oignons, les petits pois, la gousse d'ail, le thym, le laurier, saler et poivrer.
- Mélanger.
- Remettre le lard et poser les cœurs de laitue tout autour. Ajouter de l'eau, juste pour (*à peine*) couvrir les pois. Laisser mijoter 1 heure minimum.

À la maison, on mangeait les petits pois avec le poulet le dimanche midi, et le soir, on mangeait les restes… et bien sûr le lard froid. On faisait griller du pain sur lequel on mettait des petits pois froids dans leur gelée et un morceau de lard, avec du poivre, du sel et de la moutarde. Qu'est-ce qu'on se régalait ! C'était des restes « royaux ». Il n'y a qu'à la maison, chez moi, ou chez mon petit frère bien sûr ! que nous finissions le lard et les petits pois froids de cette façon.

Je n'ai pas souvenir que Maman mettait des carottes.
Annette

Purée de pommes de terre

Temps de préparation : 20 min
Temps de cuisson : 20 min

Ingrédients pour 4 personnes :
- 1 kg de pommes de terre bintje
- 15 cl de crème fraîche entière
- 15 cl de lait
- Beurre
- Muscade
- Sel et poivre

- Porter à ébullition une marmite d'eau salée.
- Éplucher les pommes de terre, les laver et les couper en morceaux.
- Mettre les pommes de terre dans l'eau bouillante, et laisser cuire 15 à 20 minutes, en fonction de la taille des morceaux.
- Quand les pommes de terre sont cuites, les égoutter dans le plat de service afin qu'il soit bien chaud. Réserver un peu d'eau chaude de cuisson.
- Réchauffer la crème et le lait 30 secondes au four à micro-ondes.
- Jeter l'eau du plat, et y mettre les pommes de terre.
- Écraser les pommes de terre avec un presse-purée, puis ajouter le lait chaud, l'eau de cuisson réservée puis la crème ou le beurre jusqu'à la consistance désirée. Ajouter muscade, sel, poivre selon votre goût. Servir aussitôt, sinon ajouter quelques morceaux de beurre et mettre au four à 100 °C (th. 3-4).

À la maison, la purée était toujours servie dans un grand saladier en porcelaine à feu blanche. Maman faisait une décoration avec la fourchette, et y mettait bien sûr du beurre, et quand elle la sortait du four, elle était toute dorée. C'était bon et beau. Et bien sûr, quand nous étions servis, nous faisions toujours un trou au milieu pour y mettre la sauce…

Salade de pommes de terre tièdes

Temps de préparation : 20 min
Temps de cuisson : 20 min

Ingrédients pour 4 personnes :
- 1 kg de pommes de terre à chair ferme
- 1 échalote
- Persil et/ou ciboulette

POUR LA VINAIGRETTE :
- Moutarde
- Huile d'arachide et d'olive
- Vinaigre de vin

- Cuire les pommes de terre à la pelure.
- Quand elles sont cuites, les passer à l'eau froide, et les éplucher.
- Pendant la cuisson des pommes de terre, **préparer la vinaigrette** : mettre la moutarde dans le saladier, ajouter du vinaigre et bien mélanger.
- Ajouter les huiles, et faire monter la vinaigrette.
- Saler, poivrer. L'assaisonnement doit être bien relevé, et il en faut beaucoup.
- Ajouter l'échalote finement hachée.
- Couper les pommes de terre en rondelles et les mettre encore chaudes dans la vinaigrette, au fur et à mesure, et mélanger régulièrement *(Les pommes de terre peuvent être cuites le matin et réchauffées au micro-onde après les avoir coupées en rondelles).*
- Ajouter les herbes.
- Servir aussitôt.

Cette salade de pommes de terre se sert avec un saucisson de Lyon, des sardines ou du thon à l'huile.
Il faut que les pommes de terre soient bien imprégnées de vinaigrette. Et pour bien faire, il faut qu'elles soient chaudes.

Salade d'été
de Mamie Paulette

Temps de préparation : 40 min
Temps de cuisson : pour le poulet 45 min, pour les œufs 10 min

Ingrédients pour 6 personnes :
- 1 poulet
- 6 œufs
- 1 belle salade verte
- 6 tomates bien mûres
- Persil, ciboulette, estragon et basilic
- Mayonnaise (voir recette)
- 1 ou 2 petites échalotes ou 1 oignon rouge
- Sel et poivre

La veille :
- Cuire le poulet au court-bouillon et le laisser refroidir.
- Cuire les œufs *(les mettre dans l'eau bouillante et laisser frémir 10 minutes).*

Le lendemain :
- Éplucher et laver la salade.
- Bien l'essorer.
- Sur une planche et à l'aide d'un bon couteau, la détailler en lanières.
- Peler les tomates (*au couteau spécial tomates ou en les plongeant 30 secondes dans l'eau bouillante*). Les couper en deux ou en quatre pour en extraire les graines et détailler la chair en petits morceaux.
- Hacher les herbes choisies : persil, ciboulette, estragon, basilic…
- Enlever toute la peau du poulet, désosser et détailler la chair en lamelles.
- Écaler les œufs et les écraser.
- Réserver.

Faire une bonne et belle mayonnaise : moutarde forte, 1 ou 2 jaunes d'œufs, huile d'arachide, vinaigre, poivre et sel.

Montage de la salade :

- Prendre un grand plat « plat ».
- Commencer par mettre la salade émincée. Saler et poivrer très peu.
- Ajouter quelques herbes.
- Poser les tomates sur toute la surface de la salade verte.
- Ajouter quelques herbes et un peu de sel.
- Parsemer les échalotes hachées (ou un oignon rouge) et mettre les morceaux de poulet.
- Recouvrir l'ensemble d'une belle couche de mayonnaise.
- Mettre les œufs écrasés sur la mayonnaise.
- Saler et poivrer légèrement.
- Parsemer le reste des herbes hachées.
- Mettre au frigo au maximum 2 heures !

Cette salade est encore une création de notre Maman.
Elle constitue un plat d'été complet et joli.
Elle laisse place à votre imagination car le poulet peut être remplacé par du jambon, des crevettes, du poisson froid, etc.

Boulettes de poisson à la marocaine

Temps de préparation : 30 min
Temps de cuisson : 25 min + 15 min

Ingrédients pour 4 personnes :

- 5 tomates
- 1 poivron rouge
- Ail
- Persil frais
- Coriandre fraîche *(facultatif)*
- Huile d'olive
- 6 filets de merlan frais
- 1 œuf
- Chapelure ou mie de pain ou farine
- Sel et poivre

- Peler, épépiner et couper en petits morceaux les tomates et le poivron.
- Hacher l'ail. Couper le persil et/ou la coriandre.
- Faire revenir les tomates et le poivron dans l'huile d'olive, avec l'ail et le persil. Bien mélanger et laisser mijoter 15 minutes environ à couvert.

Préparation des boulettes :

- Gratter les filets sur une planche avec un bon couteau (*il ne faut pas laisser la peau!*) pour faire des miettes de poisson cru (*ne pas utiliser de mixeur*).
- Mettre les miettes de merlan dans un plat, ajouter l'œuf, le persil et/ou la coriandre, le poivre, le sel et, au choix, un peu de chapelure, de mie de pain ou de farine.
- Façonner des boulettes de la taille d'une balle de ping-pong, ou d'une grosse bille.
- Déposer les boulettes sur la préparation de tomates et de poivron et laisser cuire 10 à 15 minutes.
- Saupoudrer de persil et/ou coriandre hachés, servir avec de la semoule ou du riz (à la marocaine : avec du pain).

Souvenir de ma vie marocaine ! Certains n'aiment pas trop le mot « boulette »... Mais il faut goûter, c'est tellement bon... Annette

Colombo de cabillaud

Temps de préparation : 20 min
Temps de cuisson : 30 min

Ingrédients pour 2 personnes :
- 1 oignon
- Beurre et 1 cuil. à soupe d'huile d'olive
- 1 bonne cuil. à café de colombo
- 20 cl de bouillon de volaille
- 20 cl de crème fleurette
- 300 g de cabillaud *(2 pavés)*
- 1 citron vert
- Ciboulette, persil ou coriandre
- Sel et poivre

- Peler l'oignon, l'émincer finement.
- Faire chauffer le beurre et l'huile d'olive dans une poêle.
- Faire revenir l'oignon sans coloration pendant 5 à 10 minutes.
- Ajouter le colombo puis le bouillon de volaille.
- Laisser cuire à frémissement pendant 15 minutes puis ajouter la crème au bouillon mais ne plus laisser bouillir.
- Y déposer les morceaux de poisson et poursuivre la cuisson pendant 4 minutes. Saler et poivrer.
- Servir dans des bols ou assiettes creuses et ajouter quelques gouttes de citron vert et du persil haché, de la ciboulette ou de la coriandre.
- Accompagner d'un riz basmati.

C'est délicieux !

Variante : râper une carotte et une courgette, les ajouter à la préparation 5 minutes avant de déposer le cabillaud. Les légumes restent croquants.

Cabillaud au four

Temps de préparation : 30 min
Temps de cuisson : 20 min pour les pommes de terre, 1 h

Ingrédients pour 6 personnes :
- 1,2 kg de cabillaud
- 800 g de pommes de terre *(Amandine)*
- 3 oignons
- 4 tomates
- 3 citrons (bio)
- Ail
- Huile d'olive
- Thym
- 1 verre de vin blanc sec
- Sel et poivre

- **Préchauffer le four à 180 °C (th. 6).**
- Cuire les pommes de terre à la pelure.
- Quand elles sont cuites, les peler, les couper en tranches.
- Éplucher les oignons, les couper en fines tranches.
- Peler les tomates, et les couper également en tranches fines.
- Couper les citrons en tranches fines.
- Éplucher l'ail, enlever le germe et le couper finement.
- Huiler le fond d'un plat allant au four.
- Poser les pommes de terre, les recouvrir de rondelles d'oignons, de tomates et de citrons.

- Saler et poivrer.
- Ajouter du thym frais, et l'ail.
- Huiler allègrement.
- Mettre au four 30 à 40 minutes.
- Sortir le plat du four, et poser le morceau de cabillaud sur ce mélange qui sent déjà très bon. Ajouter 1 verre de vin blanc, recouvrir le poisson de rondelles de citron, de thym, saler et poivrer.
- Remettre au four 25 à 30 minutes.
- Sortir du four.

Apporter le plat directement sur la table.
Pour moi, c'est un souvenir de Corse ! C'est un régal absolu !!
Tout est dans la fraîcheur du poisson !
Annette

Calamars à ma façon

Temps de préparation : 45 min
Temps de cuisson : 20 min

Ingrédients pour 4 à 5 personnes :
- 1 kg de petits calamars ou encornets (8 à 10 cm)
- 2 petites échalotes émincées
- Huile d'olive
- 1 cl de pastis (Le bouchon de la bouteille)
- 4 ou 5 tomates épluchées, épépinées
- 1 ou 2 gousses d'ail
- 1 pincée de piment d'Espelette
- 1 verre de vin blanc
- 20 cl de crème fraîche
- Sel et poivre

- **Préparer les calamars.** *Certains poissonniers nettoient les calamars, même sur les marchés, malheureusement pas tous… Ce n'est pas un problème.*
- Rincer les calamars.
- Prendre un calamar, saisir la tête et tirer fermement afin de l'arracher avec une grande partie des entrailles.
- Sectionner les tentacules au-dessus des yeux. Réserver les tentacules et jeter le reste.
- Vérifier qu'il ne reste pas un morceau de cartilage (le bec), et l'enlever.
- Ouvrir le corps en passant le couteau d'un côté, retirer le cartilage.
- Rincer dans une eau vinaigrée.
- Quand tout est nettoyé, sécher dans un papier essuie-tout et couper les corps en tronçons et les tentacules en 2 ou 3 morceaux.

Cuisson :

- Dans une grande poêle, faire revenir les échalotes dans de l'huile d'olive, ne pas laisser brûler ou noircir… Ajouter les calamars, corps et tentacules, un à un. Les calamars vont se rétracter.
- Laisser revenir 3 minutes puis ajouter le pastis, les tomates coupées en morceaux et l'ail.
- Saler, poivrer, ajouter le piment d'Espelette.
- Laisser mijoter quelques minutes et ajouter le vin blanc.
- Laisser cuire 15 minutes pour faire un peu réduire le jus.

Cette préparation peut se faire le matin pour le soir.
Au moment de servir, ajouter la crème fraîche et réchauffer.
Servir avec du riz.
Guite

Coquilles Saint-Jacques à ma façon

Temps de préparation : 15 min
Temps de cuisson : 5 min

Ingrédients pour 4 personnes :
- 16 noix de Saint-Jacques
- Farine
- Citron
- 120 g de beurre
- Ciboulette ciselée
- 20 cl de crème fraîche liquide entière
- Sel et poivre

- Éponger soigneusement les noix sur du papier absorbant.
- Saler, poivrer et fariner légèrement.
- Presser le citron et réserver le jus.
- Dans une poêle, faire fondre et mousser 100 g de beurre.
- Y jeter les coquilles Saint-Jacques et laisser prendre couleur (*au total, 5 minutes de cuisson*).
- Arroser de jus de citron (*si le citron est très juteux, n'en mettre que la moitié*).
- Parsemer de ciboulette ciselée.
- Réserver au chaud.
- Déglacer la poêle avec le reste du beurre et la crème en grattant bien le fond pour décoller les sucs.
- Servir 4 noix de Saint-Jacques par personne dans une assiette bien chaude et arroser du mélange beurre fondu et crème.
- Accompagnement : riz blanc et pourquoi pas une petite endive légèrement braisée...

J'ajoute quelques zestes de citron sur chaque assiette, râpé au dernier moment. Jacotte

Crevettes sautées à la Thaïe

Temps de préparation : 30 min
Temps de cuisson : 10 min

Ingrédients pour 4 personnes :
- 800 g de grosses crevettes crues
- 1 citron vert
- 2 cuil. à soupe d'huile d'arachide
- 1 cuil. à soupe de pâte de curry doux
- 2 gousses d'ail
- 2 cm de gingembre frais râpé
- 1 cuil. à café de basilic haché *(facultatif)*
- 25 cl de lait de coco
- 3 cuil. à café de coriandre ciselée (on peut la remplacer par du persil plat)
- Sel et poivre

- Décortiquer les crevettes, enlever le boyau noir à l'aide d'un petit couteau pointu.
- Laver le citron vert.
- Prélever le zeste puis presser le jus.
- Mélanger zeste et jus.
- Faire chauffer l'huile d'arachide dans une assez grande poêle.
- Ajouter la pâte de curry, les gousses d'ail hachées, le gingembre râpé, le basilic.
- Faire revenir 2 minutes.
- Ajouter les crevettes et le lait de coco. Saler et poivrer.
- Laisser mijoter 1 minute, ajouter le jus et le zeste de citron vert.
- Parsemer de coriandre ciselée et servir brûlant avec du riz basmati.

Curry de courgettes et de crevettes au lait de coco

Temps de préparation : 20 min
Temps de cuisson : 30 min

Ingrédients pour 4 personnes :
- 1 petit oignon
- 1 gousse d'ail
- 2 courgettes
- Huile d'olive
- 2 cuil. à café de pâte de curry doux
- 1 à 2 cm de gingembre râpé
- 1 boîte de lait de coco de 20 cl
- 12 petites tomates cerises
- 32 crevettes roses cuites
- Persil plat
- Sel

- Éplucher et couper finement l'oignon et la gousse d'ail.
- Laver et couper les deux courgettes en petits cubes.
- Faire revenir l'oignon et l'ail dans un peu d'huile d'olive durant 5 minutes sans les colorer.
- Ajouter la pâte de curry, le gingembre râpé et le lait de coco.
- Remuer.
- Une fois le mélange homogène, incorporer les dés de courgettes, laisser mijoter 10 minutes puis ajouter les tomates cerises.
- Saler mais ne pas poivrer, la pâte de curry étant déjà assez forte.
- Laisser cuire doucement encore 10 minutes à couvert. Les courgettes doivent rester croquantes.
- Décortiquer les crevettes, enlever le boyau noir à l'aide d'un couteau pointu.
- Cinq minutes avant de servir, ajouter les crevettes et laisser chauffer doucement.

Servir dans des assiettes bien chaudes et parsemer de persil ciselé.
Accompagner de riz blanc ou de pâtes chinoises.

Lotte au lait de coco

Temps de préparation : 20 min
Temps de cuisson : 20 min

Ingrédients pour 4 personnes :
- 600 g de filet de lotte
- 3 oignons
- 2 gousses d'ail
- 2 tomates
- 3 cuil. à soupe d'huile
- 20 cl de lait de coco
- 1 cuil. à soupe de curry en poudre
- 1 pincée de piment d'Espelette
- 1 bouquet de coriandre
- Sel et poivre

- Découper la lotte en gros cubes.
- Éplucher et hacher finement les oignons et les gousses d'ail.
- Ébouillanter les tomates, les peler et les épépiner, couper la pulpe en petits dés.
- Mettre à chauffer l'huile dans une cocotte, et faire dorer les cubes de lotte.
- Égoutter et réserver.
- Dans la même cocotte, faire blondir le hachis d'oignon et d'ail.
- Remettre les morceaux de lotte. Verser le lait de coco. Ajouter les dés de tomates, le curry et le piment d'Espelette.
- Saler et poivrer.
- Mélanger délicatement et laisser mijoter à couvert une quinzaine de minutes.
- Parsemer de brins de coriandre.

Servir avec du riz que vous pouvez décorer avec des lanières de poivrons et d'oignon violet.

Lotte aux poireaux de Mamoune

Temps de préparation : 30 min
Temps de cuisson : 30 min + 4 min

Ingrédients pour 4 personnes (pour 6 personnes si c'est une entrée) :
- 1 queue de lotte de 700 g environ
- 4 poireaux *(plus ou moins selon le goût de chacun)*
- Beurre
- Crème fraîche
- Safran en filaments
- Sel et poivre

Préparation de la lotte :

- Demander au poissonnier d'enlever le cartilage et le maximum de peau.
- À la maison, nettoyer les filets et enlever les peaux filandreuses.
- Rincer, essuyer avec un torchon ou un papier essuie-tout.
- Couper la lotte en gros dés *(environ 3 cm).*
- Réserver.

Préparation et cuisson des poireaux :

- N'utiliser que les blancs des poireaux (*couper les verts en morceaux et les mettre au congélo pour faire une bonne soupe*).
- Couper les blancs en tout petits morceaux.
- Dans une casserole, faire fondre un bon morceau de beurre.
- Ajouter les blancs de poireaux, 1 petit verre d'eau, du poivre et du sel.
- Couvrir et laisser fondre 20 à 30 minutes.
- Avant la fin de la cuisson, ajouter de la crème fraîche, la quantité est en fonction du goût du cuisinier.
- Ajouter les filaments de safran.
- Laisser épaissir.

Cuisson de la lotte :

- Dans une poêle, mettre un morceau de beurre.
- Faire fondre. Quand il est blond, ajouter les dés de lotte, les faire revenir tout doucement 2 minutes de chaque côté *(attention, il ne faut pas que ce soit trop cuit. En fonction de la taille des morceaux, varier le temps de cuisson).*

Dressage :

- Mettre les poireaux dans un plat, et y déposer les morceaux de lotte.
- Ajouter un peu de cerfeuil.

Bon appétit !

Les quantités varient si vous servez en entrée ou en plat ; dans ce cas, vous pouvez prévoir un peu de riz basmati.

Moules pimentées au lait de coco

Temps de préparation : 30 min
Temps de cuisson : 15 min

Ingrédients pour 6 personnes :
- 2 kg de moules
- 2 cm de gingembre frais
- 2 gousses d'ail
- 2 cuil. à soupe d'huile d'arachide
- 1 grosse pincée de piment d'Espelette
- 1 cuil. à soupe de sauce soja
- 20 cl de lait de coco
- Coriandre et/ou persil plat haché

- Nettoyer les moules.
- Peler le gingembre et le hacher.
- Hacher l'ail dégermé.
- Chauffer l'huile dans la cocotte et y faire sauter l'ail et le gingembre durant 1 minute.
- Ajouter le piment d'Espelette, puis verser la sauce soja et le lait de coco.
- Laisser mijoter à couvert 5 minutes.
- Enfin, ajouter les moules et porter à ébullition.
- Laisser cuire jusqu'à ouverture des moules.
- Ajouter les feuilles de coriandre et/ou persil ciselées.
- Servir bien chaud.

C'est un régal !!

Raie aux câpres

Temps de préparation : 20 min
Temps de cuisson : 20 min + 15 min

Ingrédients pour 4 personnes :
- 500 g de pommes de terre (Amandine)
- 4 ailes de raies
- 50 g de beurre demi-sel
- Huile d'olive
- Poivre et sel

POUR LA SAUCE :
- 4 échalotes
- 20 cl de vin blanc sec
- 200 g de beurre bien frais
- Fleurs de câpres
- Poivre et sel

- Éplucher les pommes de terre, et les cuire environ 20 minutes.
- Préparer la sauce : éplucher et couper très finement les échalotes, les mettre dans une casserole avec le vin.
- Porter à ébullition et laisser réduire. Réserver.
- **Préchauffer le four à 180 °C (th. 6).**
- Nettoyer les ailes de raie, en prenant soin de retirer la partie gélatineuse, les sécher sur un papier essuie-tout.
- Placer les ailes de raie dans un plat ou dans la lèchefrite.
- Mettre un peu de beurre et aussi un filet d'huile.
- Mettre au four pour 15 minutes (à surveiller) un peu moins, un peu plus en fonction de la taille des ailes de raie.
- Reprendre la sauce, les échalotes sont fondantes, ajouter le beurre en morceaux et fouetter.
- Lorsque le mélange est bien homogène, passer le tout au chinois afin de récupérer le beurre sans les échalotes.
- Ajouter les câpres.
- Servir les ailes de raie avec la sauce et les pommes de terre nature.

C'est absolument magnifique !!
Il faut surtout utiliser les fleurs de câpres, c'est vraiment fin.

Turbot au four, sauce hollandaise

Temps de préparation : 30 min
Temps de cuisson : 20 min + 20 min

Ingrédients pour 4 à 6 personnes :
- 1 kg de pommes de terre *(Amandine)*
- 1 beau turbot de 1,2 kg minimum
- Huile d'olive
- Persil
- 2 citrons
- Sel et poivre

POUR LA SAUCE :
- 3 jaunes d'œufs
- 1 jus de citron
- 250 g de beurre
- Sel et poivre
- 1 cuillère à soupe d'eau

- **Préchauffer le four à 200 °C (th. 6-7).**
- Peler les pommes de terre, les mettre dans l'eau bouillante et les cuire 20 minutes.
- Faire 3 entailles sur le turbot.
- Huiler la lèchefrite, y déposer le turbot. Huiler le turbot, saler (*gros sel*).
- Mettre au four environ 20 minutes.
- Préparer la sauce hollandaise (voir la recette **Sauce hollandaise**).
- Servir le turbot, agrémenté de quelques brins de persil haché, accompagné des pommes de terre et de la sauce hollandaise.

Régalez-vous !

Pour la sauce, en fonction des gourmands,
il convient d'en faire plus ou moins.
La cuisson du turbot au four est vraiment très pratique,
surtout quand on n'a pas de turbotière !

Waterzoï de cabillaud

Temps de préparation : 30 min
Temps de cuisson : 20 min

Ingrédients pour 4 personnes :
- 2 carottes
- 2 courgettes moyennes
- 20 cl de fumet de poisson *(soluble)*
- 20 cl de bouillon de poule *(soluble)*
- 4 pavés de cabillaud de 200 g chacun
- 1 bouquet d'herbes fraîches mélangées : estragon, persil plat, cerfeuil, ciboulette, aneth, basilic
- 100 g de beurre

- Éplucher les légumes et les couper en bâtonnets.
- Les faire cuire dans une casserole avec le fumet de poisson et le bouillon de volaille 15 minutes.
- Pendant ce temps, ciseler les herbes.
- Pocher les filets de cabillaud dans le bouillon 5 à 8 minutes selon l'épaisseur.
- Ajouter le beurre et les herbes dans le bouillon de légumes.
- Servir aussitôt, avec du riz, une petite pomme de terre ou même de la semoule.

Blanquette de veau à la provençale

Temps de préparation : 30 min
Temps de cuisson : 1 h 30

Ingrédients pour 6 personnes :
- 1 kg de veau pour blanquette
- Huile d'olive
- Piment d'Espelette
- 5 tomates
- 1 oignon
- 5 gousses d'ail
- 1 bouquet garni (thym, laurier, persil)
- Basilic
- Sel et poivre

- Faire revenir et dorer la viande dans l'huile d'olive.
- Saler, poivrer, ajouter une bonne pincée de piment d'Espelette.
- Ajouter les tomates pelées et épépinées, l'oignon et l'ail hachés puis le bouquet garni.
- Bien mélanger.
- Ajouter un peu d'eau.

Attention, les tomates vont donner du jus, ne pas noyer la viande.

- Laisser mijoter 1 h 30.
- Avant de servir, ajouter sur votre viande du basilic haché.

Servir avec des frites ou des pâtes ou des pommes de terre sautées et une bonne salade verte. Les tomates peuvent être remplacées par une boîte de tomates entières.

Ma blanquette de veau aux morilles

Temps de préparation : 30 min
Trempage : 12 h
Temps de cuisson : 3 h 30

Ingrédients pour 8 personnes :
LA VIANDE
- 100 g de beurre
- Huile d'arachide
- 1,6 kg d'épaule de veau *(du Limousin si possible)* en morceaux
- 1 gros oignon émincé
- 2 carottes émincées
- 1 branche de céleri émincées
- Bouquet garni (thym, laurier, queues de persil)
- 50 g de maïzena
- 50 cl de crème fraîche épaisse *(plus si on veut)*
- Sel et poivre

LES MORILLES
- 100 g de morilles séchées ***(origine France impérativement)***
- 15 cl de vin blanc sec
- 1 grosse échalote ciselée
- 1 cuil. à soupe d'huile
- 25 g de beurre

La veille : faire tremper les morilles dans un grand volume d'eau froide.
Le lendemain : récupérer l'eau de trempage en la filtrant. **NE SURTOUT PAS LA JETER.**

- Rincer les morilles et les faire tremper à nouveau pour bien retirer toutes les impuretés. Récupérer à nouveau l'eau de trempage et la filtrer.
- Égoutter les morilles.
- **Réserver les morilles et l'eau de trempage.**
- **Préchauffer le four à 160 °C (th. 6).**

- Faire chauffer un bon filet d'huile et une noix de beurre dans la cocotte.
- Saler la viande et la faire dorer sur toutes ses faces dans l'huile et le beurre bien chauds.
- Procéder en plusieurs fois et réserver la viande hors de la cocotte.
- Baisser le feu, verser un peu d'huile si besoin et remuer en décollant tous les sucs.
- Ajouter les légumes émincés dans la cocotte. Lorsque les légumes ont bien sué, augmenter le feu et déglacer au vin blanc.
- Porter à ébullition 5 minutes puis remettre les morceaux de viande.
- Mouiller généreusement avec **l'eau de trempage des morilles** ; la viande doit être complètement immergée.
- Porter à ébullition, écumer, ajouter le bouquet garni et enfourner pour 2 h 30. Après 1 h de cuisson, **baisser le four à 140°**.

Cuisson des morilles :

- Pendant ce temps, faire suer l'échalote dans l'huile et le beurre.
- Assaisonner, déglacer au vin blanc et faire réduire.
- Ajouter les morilles.
- Laisser fondre 4 à 5 minutes. Réserver.
- Lorsque la blanquette est cuite, retirer les morceaux de viande et filtrer le bouillon de cuisson.
- Prélever 1 l de liquide pour le roux et réserver le reste pour la cuisson du riz.

Réalisation du roux et de la sauce :

- Faire fondre 75 g de beurre dans une casserole ; ajouter les 50 g de maïzena, faire cuire 2 minutes sans coloration en remuant avec un fouet.
- Verser ensuite le litre de bouillon petit à petit en fouettant pour éviter les grumeaux.
- Porter à frémissement et laisser cuire doucement 10 minutes.
- Ajouter la crème fraîche en fouettant et porter à ébullition.
- Baisser le feu.
- Ajouter la viande égouttée (*que vous aurez réchauffée dans un peu de bouillon*).
- Ajouter les morilles.

Le plat est prêt. Il peut être servi tout de suite ou réchauffe à feu doux.
Servir avec un mélange « trois riz » cuit avec le reste du bouillon.

Blanquette de veau sauce blanche

Temps de préparation : 30 min
Temps de cuisson : 1 h 30 + 5 min

Ingrédients pour 6 personnes :
- 1 kg de veau pour blanquette coupé en morceaux *(collet et poitrine)*
- 1 oignon piqué d'un clou de girofle
- 1 bouquet garni
- 5 carottes
- Sel et poivre

POUR LA SAUCE :
- 50 g de beurre
- 300 g de champignons de Paris
- 1 citron
- 30 cl de crème fraîche
- 1 cuil. à soupe de farine
- Bouillon chaud de cuisson
- 1 jaune d'œuf *(facultatif)*

- Dans un faitout, poser la viande, couvrir d'eau.
- Porter à ébullition et écumer la mousse qui s'est posée au-dessus du bouillon.
- Ajouter le bouquet garni, l'oignon, du sel et du poivre.
- Laisser cuire 45 minutes.
- Ajouter les carottes coupées en quatre dans la longueur et laisser cuire à nouveau 45 minutes.
- Pendant ce temps, nettoyer les champignons, les couper en quatre.
- Faire fondre un peu de beurre dans une poêle, ajouter les champignons et un peu de jus de citron, saler, poivrer et laisser mijoter 5 minutes. Préparer une sauce blanche avec le bouillon *(voir la recette Sauce blanche)*.
- Ajouter la crème, mélanger et laisser épaissir doucement.

- Ajouter les champignons avec ou sans leur jus.
  Si votre sauce semble trop liquide, mélanger dans un bol une bonne cuillère de Maïzena avec un peu d'eau. Ajouter tout doucement à la sauce jusqu'à consistance voulue.
- Goûter et rectifier l'assaisonnement.
- Mettre la viande et les carottes dans la sauce.

Facultatif : avant de servir, mélanger le jaune d'œuf et un peu de jus de citron. Ne plus faire réchauffer.

- Mettre la viande et les carottes dans un plat de service et parsemer de persil haché.
- Servir avec du riz ou une bonne pomme de terre nature.

Le cassoulet de Maman

Temps de préparation : 30 min
Temps de cuisson : 1 h 30

Ingrédients pour 6 personnes :

- 300 g de poitrine de porc fraîche
- 3 ou 4 cuisses de confit de canard
- 5 tomates épluchées et épépinées
- 1 oignon piqué d'un clou de girofle
- 1 bouquet garni
- 1 carotte
- 500 g de haricots blancs écossés
- 3 saucisses de Toulouse
- 1 saucisson à cuire
- Sel et poivre

■ Faire revenir la poitrine de porc dans un peu de graisse du confit.
■ Ajouter les tomates, l'oignon, le bouquet garni, la carotte et laisser mijoter 15 minutes.
■ Ajouter les haricots et un peu d'eau.
■ Laisser cuire 30 minutes.
■ Ajouter les saucisses et le saucisson. Et un peu d'eau si besoin.
■ Laisser à nouveau cuire 45 minutes.
■ Goûter et rectifier l'assaisonnement.
■ Dans un grand plat allant au four, mettre les haricots, les viandes coupées en morceaux, recouvrir de la sauce, poser dessus les confits et mettre au four pour faire dorer le canard. Les haricots frais peuvent être remplacés par des cocos blancs secs. Il faut alors les faire tremper la veille, les cuire le lendemain avec un bouquet garni, un oignon piqué d'un clou de girofle et 1 carotte durant 45 minutes. Après les avoir égouttés, les disposer sur la viande et les tomates, et continuer la cuisson pendant 30 minutes.

Endives au jambon

Temps de préparation : 20 min
Temps de cuisson : 30 min + 20 min

Ingrédients pour 6 personnes :
- 9 tranches de jambon blanc
- 9 endives

POUR LA BÉCHAMEL :
- Beurre
- Lait
- Farine
- 200 g de gruyère râpé
- Noix de muscade
- 20 cl de crème fraîche
- 200 g de gruyère râpé
- 1 gousse d'ail
- Citron
- Sel et poivre

- Enlever le trognon amer des endives.
- Faire revenir les endives dans du beurre (*les couper en deux, si elles sont trop grosses*) avec un peu de citron, et/ou un peu de sucre pour enlever l'amertume.
- Les couvrir. Et laisser mijoter durant 20 minutes.
  Quand les endives sont cuites, les poser sur un papier absorbant.
- **Préchauffer le four à 180 °C (th. 6).**
- Préparer la béchamel (voir la recette Sauce Béchamel de base).
- Ajouter la crème fraîche, le gruyère râpé et une pointe d'ail.
- Beurrer un plat allant au four et le frotter avec l'ail.
- Enrouler chaque endive dans une fine tranche de jambon et les poser dans le plat.
- Napper de béchamel.
- Et recouvrir de gruyère râpé et de quelques morceaux de beurre.
- Enfourner pour 20 minutes.
- Servir, et bon appétit !

Les proportions pour la béchamel ne sont pas indiquées, tout est question de quantité de sauce désirée.

Épaule d'agneau confite

Temps de préparation : 30 min
Temps de cuisson : 4 h

Ingrédients pour 4 personnes :
- 1 épaule d'agneau
- 1 kg de pommes de terre fermes
- Huile d'olive
- 1 tête d'ail
- 1 bouteille de Bordeaux *(un bon vin fait une bonne sauce)*
- Thym
- Sel et poivre

- **Préchauffer le four à 200 °C (th. 6-7).**
- Mettre l'épaule directement dans un grand plat (*en fonte si possible*).
- Poivrer et enduire d'huile d'olive.
- Faire dorer au four une vingtaine de minutes.
  Pendant ce temps, éplucher les pommes de terre, les couper en morceaux, et les mélanger avec de l'huile d'olive, du thym, du poivre et du sel. Ajouter les pommes de terre crues autour de l'épaule.
- Mettre autour les gousses d'ail avec leur peau et arroser l'épaule et les pommes de terre avec le vin rouge *(environ 1/2 bouteille).*
- Baisser le four à 140 °C (th. 4-5) et mettre le plat pour 2 h 30.
- Arroser régulièrement et ajouter du vin si nécessaire.
- Baisser la température du four à 120 °C (th. 4) et laisser mijoter encore 1 h 30.

L'épaule d'agneau se sert à la cuillère.

Épaule d'agneau aux amandes et aux pruneaux

Tagine

Temps de préparation : 30 min
Temps de cuisson : 2 h

Ingrédients pour 4 personnes :
- 1 épaule d'agneau coupée en morceaux
- 3 oignons
- 500 g de tomates épluchées et concassées
- 20 pruneaux mi-cuits et dénoyautés
- 125 g d'amandes émondées
- Huile d'olive
- 1 cuil. à café de cumin en poudre
- 2 cuil. à café de piment rouge doux en poudre
- 2 cuil. à café de raz el hamout
- Sel et poivre

- Faire revenir les oignons hachés dans l'huile, ajouter les tomates puis les épices, le sel et le poivre. Mélanger.
- Poser la viande sur cette purée et recouvrir d'eau.
- Laisser mijoter 1 heure.
- Ajouter les pruneaux.
- Laisser encore mijoter 1 heure. 15 minutes avant la fin de la cuisson, ajouter les amandes.

Servir avec des graines de couscous dans lesquelles on peut ajouter quelques amandes effilées, légèrement grillées à la poêle.

Gratin d'andouillettes aux blancs de poireaux

Temps de préparation : 20 min
Temps de cuisson : 30 min + 20 min

Ingrédients pour 6 personnes :
- 3 andouillettes
- 4 belles échalotes
- 500 g de blancs de poireaux
- 300 g de crème liquide entière
- 2 cuil. à soupe de moutarde à l'ancienne
- 2 cuil. à soupe de ciboulette hachée

- **Préchauffer le four à 200 °C (th. 6-7).**
- Pocher 1 minute les andouillettes dans l'eau bouillante et retirer le boyau.
- Dans une poêle, mettre un morceau de beurre et faire fondre les échalotes et les blancs de poireaux émincés en rondelles.
- Couvrir et faire étuver pendant 30 minutes. Attention à ne pas laisser brûler ou noircir.
- Poêler la chair de l'andouillette dans un peu de beurre pendant 5 minutes sans la laisser dorer.
- Ajouter la crème et la moutarde.
- Porter à ébullition pour réduire la crème.
- Ajouter la ciboulette hachée.
- Dans un plat à gratin, poser la fondue de poireaux, recouvrir avec les andouillettes.
- Enfourner 15 minutes pour gratiner.
- Servir avec des pommes de terre en robe des champs.

On peut remplacer les poireaux par des endives.
Ce gratin est la recette de Sybilla, une figure des Halles de Lyon !

Petit salé aux lentilles de Stéphane

Temps de préparation : 20 min
Temps de repos : 8 h
Temps de cuisson : 1 h

Ingrédients pour 8 personnes :
- 2,5 kg de petit salé *(palette, épaule, à commander chez le boucher !)*
- 1 kg de lentilles vertes du Puy
- 6 carottes
- 1 bouquet garni
- 2 oignons dont 1 piqué de clous de girofle
- Poivre *(pas de sel !!!)*

ATTENTION ! Si la viande est salée depuis trop longtemps, il est très important de la faire tremper pendant 12 heures pour la dessaler, et surtout changer l'eau au moins 3 fois.

La veille :
- Mettre la viande dans un grand faitout en fonte, poser le couvercle et le placer au four à 90 °C (th. 3) toute la nuit *(environ 8 heures)*.

Le lendemain :
- Retirer la viande du faitout et y laisser le jus rendu par la viande.
- Rincer les lentilles. Réserver.
- Faire fondre les carottes coupées en rondelles tout doucement dans un fond d'eau pendant 10 à 15 minutes.
- Puis mettre les carottes dans le faitout avec le bouquet garni, les oignons et les lentilles.
- Poivrer, mélanger et cuire à feux doux couvert, entre 25 et 35 minutes (*voir le paquet*). Rajouter de l'eau, si nécessaire.
- Poser la viande sur les lentilles, et la laisser réchauffer tout doucement.

Petite astuce de charentais : ajouter dans l'eau de cuisson 2 grosses cuillères à soupe de rillettes d'oie.

Joues de bœuf marinées, cuisson lente...

Temps de préparation : 30 min
Temps de repos : 12 h
Temps de cuisson : 7 h + 30 min + 20 min

Ingrédients pour 4 personnes :
- 1 kg de joues de bœuf
- 150 g de lardons fumés
- 1 kg de carottes
- 3 tomates
- 1 à 2 bouteilles de vin rouge
- 1 oignon *(piqué de clous de girofle)*
- Ail
- Thym, laurier
- Persil, céleri vert
- Huile
- Fond de veau
- Sel et poivre

***La veille*, préparer la marinade :**
- Éplucher 1 carotte, la laver et l'émincer.
- Éplucher 3 gousses d'ail, enlever le germe.
- Couper les tomates en morceaux et enlever le trognon.
- Éplucher l'oignon, le piquer de 4 clous de girofle.
- Ajouter un peu de céleri vert.
- Couper les joues de bœuf en morceaux assez gros.
- Mettre la viande dans un saladier, ajouter la carotte, les tomates, le céleri, l'oignon et le poivre (*en grains*).
- Recouvrir de vin rouge. Laisser mariner au frais pendant 12 heures minimum.

Le lendemain :

- **Préchauffer le four à 120 °C (th. 4).**
- Faire revenir les lardons fumés, les mettre sur un papier absorbant.
- Égoutter la viande, et passer la marinade dans une passoire, au-dessus d'une casserole (*garder la marinade et les légumes*).
- Faire bouillir la marinade et compléter avec le vin restant.
- Écumer et réserver.
- Fariner légèrement les joues de bœuf et les faire revenir dans une cocotte en fonte avec un peu d'huile.
- Mettre les légumes de la marinade restés dans la passoire.
- Mélanger.
- Ajouter les lardons, le vin de la marinade, du thym, du laurier.
- Si nécessaire, ajouter du fond de veau dilué dans de l'eau, afin de recouvrir la préparation viande-légumes.
- Saler et poivrer.
- Enfourner la cocotte pendant 7 heures. **Ne pas couvrir.**
- Pendant ce temps, préparer les carottes, les laver et les couper en rondelles. Les faire revenir dans une cocotte à fond épais dans un peu d'huile, ajouter un peu d'eau pour éviter qu'elles n'attachent. Laisser mijoter environ 30 minutes. Réserver.
- Quand la cuisson de la viande est terminée, sortir la cocotte du four.
- Retirer les joues. Réserver.
- Passer le jus dans un chinois et presser pour en retirer le maximum de jus.
- Faire réduire la sauce dans la cocotte qui a servi à la cuisson.
- Ajouter les joues et les carottes.
- Laisser fondre environ 20 minutes.
- Parsemer d'un peu de persil, juste avant de servir dans la cocotte.

Accompagner de bonnes pommes de terre cuites à l'eau (fermes : genre Amandine).

C'est absolument délicieux ! Et après avoir attendu si longtemps,
c'est encore meilleur pour nos papilles.
C'est peut-être un peu long,
mais c'est quand même très simple et économique !
Préférer un four normal à un four à chaleur tournante.

Osso bucco comme en Italie

Temps de préparation : 20 min
Temps de cuisson : 2 h 30

Ingrédients pour 4 personnes :
- 4 grosses rouelles de jarret de veau ou 8 moins épaisses
- 1 oignon émincé
- 1 branche de céleri émincée
- 1 carotte émincée
- 4 tomates pelées et épépinées *(plus rapide, une boîte de concassée de tomates)*
- 60 g de beurre
- 3 cuil. à soupe d'huile d'olive
- 75 cl à 1 l de bouillon de volaille
- 30 cl de vin blanc
- Sel et poivre

POUR LA GREMOLATA :
- 2 gousses d'ail
- 1 botte de persil plat haché
- Les zestes de 2 citrons

- Faire chauffer le beurre et l'huile dans une très grande cocotte.
- Lorsque le mélange est bien chaud, poser les rouelles de jarret et les faire dorer sur feu modéré durant 10 minutes.
- Les retirer de la cocotte, saler, poivrer et réserver.
- Ajouter dans la cocotte l'oignon, le céleri et la carotte.
- Les faire cuire en remuant pendant 5 minutes jusqu'à ce que les légumes soient attendris.
- Déglacer la cocotte avec 12 cl de bouillon en grattant bien les sucs de cuisson collés dans le fond avec une spatule.
- Remettre les jarrets dans la cocotte, ajouter les tomates et suffisamment de bouillon pour presque recouvrir la viande. Ajouter 30 cl de vin blanc.

- **Préchauffer le four à 140 °C (th. 4-5).**
- Couvrir et laisser mijoter 1 heure.
- Mettre au four pendant 1 h 30.
- À la sortie du four, si la sauce est trop liquide, ajouter un beurre manié, c'est-à-dire du beurre mélangé avec un peu de farine.
  La sauce finale doit être épaisse et consistante.

Préparation de la Gremolata :

- Pendant la cuisson de l'osso buco, hacher finement l'ail, le persil et les zestes de citron.
- 5 minutes avant de servir, ajouter la moitié de ce mélange pour permettre à son arôme de parfumer le veau.
- Servir dans des assiettes bien chaudes en nappant les morceaux de sauce et en ajoutant le reste de Gremolata.

On peut accompagner ce plat de tagliatelles,
de semoule ou même de frites !!

Pot-au-feu du samedi midi en hiver

Temps de préparation : 1 h
Temps de cuisson : 3 h + 30 min + 20 min

Ingrédients pour 6 personnes :
- 1,5 kg de gîte
- ½ queue de bœuf
- 1 jarret de veau
- 6 os à moelle
- 8 carottes
- 8 poireaux
- 8 navets
- 1 tête de céleri
- 1 oignon piqué de clous de girofle
- 1 bouquet garni (thym, laurier, branche de céleri, ail)
- 2 tomates
- 2 cuil. à café de gros sel
- 800 g de pommes de terre *(Amandine)*
- Sauce gribiche : 1 mayonnaise maison
- 3 œufs durs
- 10 cornichons
- ½ bouquet de persil
- 1 cuil. à café de grains de poivre

- Dans un grand « pot-au-feu », mettre toutes les viandes (pas les os). Recouvrir d'eau froide. Faire chauffer.
- Pendant ce temps, éplucher tous les légumes. Si les carottes sont trop grandes, les couper en deux. Couper les navets en deux, la tête de céleri en plusieurs morceaux.
- Lier ensemble les blancs de poireaux, et les verts séparément.
- Piquer l'oignon de 4 clous de girofle.
- Mettre tous les éléments du bouquet garni dans une gaze, bien ficelée.
- Quand l'eau bout, écumer.
- Ajouter dans le « pot-au-feu » l'oignon piqué de clous de girofle, le bouquet garni, 1 carotte, les verts de poireaux ficelés, le gros sel et les grains de poivre.
- Couvrir et laisser frémir pendant 2 heures.
- Écumer de temps en temps si nécessaire.

- Après 2 heures, enlever la carotte et les verts de poireaux.
- Mettre tous les légumes (*réserver les pommes de terre*) dans le bouillon.
- Laisser cuire encore 1 heure.
- Mettre dans une casserole les 6 os à moelle, couvrir d'eau et ajouter 10 cl de vinaigre d'alcool. Faire chauffer et laisser cuire 30 minutes.
- Faire cuire les pommes de terre pendant 20 minutes.

Préparation de la sauce gribiche :

- Cuire les œufs 10 minutes et laisser refroidir.
- Faire une mayonnaise bien relevée.
- Hacher le persil finement et couper les cornichons en petites rondelles.
- Écaler les œufs, et les couper en petits morceaux.
- Ajouter la mayonnaise, les œufs, les cornichons et le persil. Réserver.

Maintenant que tout est cuit, on peut passer à table.

- Faire griller du pain.
- Prendre un grand plat creux. Y mettre tous les morceaux de viande, et les entourer des légumes (*éviter l'oignon*) et des pommes de terre. Ajouter les os à moelle.
- Mettre du bouillon dans une soupière.
- Servir dans des assiettes creuses.
- Commencer par le bouillon !
- Déguster la moelle sur le pain grillé avec un peu de gros sel et du poivre.
- Puis servir la viande, les légumes et ajouter la sauce gribiche.
- Prévoir également du gros sel, de la moutarde et des cornichons.

Quand c'est la saison, on peut rajouter des choux de Bruxelles !
Astuce pour servir facilement les légumes : faire des petits baluchons dans de la gaze (grandes compresses en pharmacie) pour chaque légume et placer ces petits sacs dans le bouillon.
À la maison, on ne mangeait pas le pot-au-feu avec la sauce gribiche. On mettait une tartine grillée sur nos légumes et la viande, du gruyère râpé, et on recouvrait de bouillon. Souvenirs.

Potée paysanne
du livre de recettes de Maman

Temps de préparation : 45 min
Temps de cuisson : 2 h

Ingrédients pour 6 personnes :
- 500 g de bœuf *(flanchet)*
- 500 g de porc *(échine, poitrine)*
- 1 céleri-rave
- 2 poireaux
- 2 carottes
- 2 navets
- 2 oignons
- 800 g de pommes de terre fermes
- ¼ de chou vert
- 2 gousses d'ail
- Thym, laurier
- Sel et poivre

- **Préchauffer le four à 180 °C (th. 6).**
- Couper le porc et le bœuf en cubes.
- Mettre le bœuf dans une grande cocotte allant au four et porter à ébullition.
- Écumer.
- Laisser frémir 15 minutes puis ajouter le porc.
- Pendant ce temps, laver les légumes, les couper en morceaux et les ajouter à la viande.
- Laisser mijoter 15 minutes.
- Saler, poivrer, ajouter le thym et le laurier.
- Couvrir la cocotte et la mettre au four 2 h.

À servir dans des assiettes à soupe,
avec du gruyère râpé et du pain grillé.

Potjevleesch

Temps de préparation : 40 min
Temps de repos : 24 h
Temps de cuisson : 3 h

Ingrédients pour 4 personnes :
- 200 g d'échine de porc
- 200 g de chair de lapin
- 200 g de chair de poulet
- 200 g d'épaule de veau
- 3 feuilles de gélatine
- 250 g de carottes
- 1 bouteille de bière de garde
- 3 gousses d'ail
- Thym et laurier
- 1 branche de céleri vert
- 20 baies de genévrier
- Sel et poivre

La veille :
- Désosser les viandes, si nécessaire, et les couper en morceaux de 2 à 3 cm.
- Éplucher les légumes. Couper les carottes en rondelles, la branche de céleri en petits morceaux et hacher l'ail.
- Dans une grande cocotte ou terine avec couvercle, mettre les viandes et les carottes, le céleri vert et l'ail.
- Ajouter le thym, le laurier *(½ feuille suffit)*, le genièvre, la bière, le sel et le poivre.
- Bien mélanger.
- Laisser reposer au frigo 24 heures.

Le lendemain :

- **Préchauffer le four à 150 °C (th. 5).**
- Ramollir les feuilles de gélatine dans l'eau froide.
- Glisser les feuilles de gélatine au milieu des morceaux de viande.
- Fermer la cocotte ou la terrine, en luttant le couvercle (*cordon de pâte fait d'eau et de farine*) et la placer dans le four pendant 3 heures.
- Laisser refroidir à température ambiante avant de la conserver au frigo.

Servir ce Potjevleesch, avec des frites et une salade.
Penser à sortir la terrine 1 heure avant de servir.

Ragoût de mouton de Maman

Temps de préparation : 30 min
Temps de cuisson : 1 h 30

Ingrédients pour 6 personnes :
- 1,2 kg de collier et/ou poitrine d'agneau coupé en morceaux
- 800 g de navets
- 800 g de pommes de terre
- Huile et beurre
- 1 bouquet garni
- 1 pincée de sucre en poudre
- 2 à 3 gousses d'ail
- Thym, laurier, romarin
- Sel et poivre

- Éplucher les navets et les pommes de terre et les couper en morceaux.
- Dans un faitout, faire chauffer le beurre et l'huile.
- Ajouter les morceaux d'agneau et les faire dorer.
- Retirer les morceaux de viande, les poser sur une assiette.
- Dans la cocotte, mettre les navets, la pincée de sucre, les faire revenir et dorer.
- Ajouter les pommes de terre, mélanger avec les gousses d'ail, le thym, la feuille de laurier et le romarin.
- Poser la viande, saler et poivrer.
- Couvrir à peine d'eau. *Vérifier qu'il ne manque pas d'eau durant la cuisson.* Et laisser cuire tout doucement pendant 1 h 30 minimum.

Facultatif : avant de servir, faire griller des petites côtelettes d'agneau.

Rôti de bœuf du dimanche midi

Temps de préparation : 10 min
Temps de cuisson : 30 min

Ingrédients pour 6 personnes :
- 1 rôti de bœuf de 1,2 kg, au choix : filet, aloyau *(non bardé)*
- 1 morceau de gras de veau
- Beurre et huile d'arachide
- 6 gousses d'ail non pelées
- Thym et laurier
- Sel et poivre

- **Préchauffer le four à 220 °C (th. 7-8).**
- Précuire l'ail en le mettant à bouillir dans un peu d'eau durant 5 minutes.
- Mettre le rôti dans un plat (*en fonte c'est mieux*) et le morceau de gras de veau. Déposer un morceau de beurre sur le rôti et l'ail non épluché sur le beurre. Ajouter le thym, le laurier et poivrer *(L'huite n'est pas nécessaire quand il y a un morceau de gras de veau).*
- Baisser le four à 200 °C (th. 6-7). Enfourner pour 30 minutes (*le temps de cuisson est de 15 minutes par livre*).
- Retirer la viande du four.
- Couper la viande au-dessus du plat, afin que le sang tombe dans la sauce. *(Réserver la planche à découper sur laquelle est la viande, à l'entrée du four éteint, en laissant la porte ouverte.)*
- Déglacer la sauce avec un peu d'eau chaude, et un gros morceau de beurre.
- Bien mélanger.
- Remettre la viande dans le plat, et servir aussitôt… avec des frites !

Quand nous étions petits, Papa récupérait le sang qui coulait de la viande dans une cuillère, et le donnait aux deux petits ! (Annette et Bernard). Et nous avions des frites, ou un gratin dauphinois, mais c'était plutôt le gratin le dimanche ! Les frites, c'était le jeudi avec les saucisses et le samedi avec le beefsteak. !!
Astuce : dans le cas d'un rôti de 500 g, faites-le dorer avant de le mettre au four.

Rôti de porc au four avec ses pommes de terre

Temps de préparation : 15 min
Temps de cuisson : environ 1 h 40

Ingrédients pour 6 personnes :
- Un rôti de porc de 1,2 kg
- 1 kg de pommes de terre (rates ou Amandines)
- Beurre
- Huile d'arachide
- Thym, laurier
- 6 gousses d'ail non épluchées
- Sel et poivre

- **Préchauffer four à 220 °C (th. 7-8).**
- Poser le rôti dans un grand plat allant au four *(La cuisson du rôti de porc est de 45 min par livre).* Mettre dessus quelques morceaux de beurre. Ajouter une cuillère à soupe d'huile.
- Saler, poivrer, ajouter les gousses d'ail non épluchés, le thym et le laurier, et 1 à 2 cuillères d'eau.
- Mettre au four pour 1 h 40, baisser le four à 200 °C (th. 6-7), puis à 180 °C (th. 6) après 45 minutes de cuisson. Arroser plusieurs fois avec le jus.
- Cuire les pommes de terre à la pelure, les éplucher. 45 minutes avant la fin de la cuisson du rôti, mettre les pommes de terre autour du rôti. Les arroser et les retourner plusieurs fois. Ajouter de l'eau et du beurre si nécessaire. Au moment de servir, enlever le rôti, déglacer la sauce avec une goutte d'eau et un morceau de beurre, couper le rôti en tranches et les remettre dans le plat. Servir avec une salade bien assaisonnée.

Ce rôti, c'était toujours un bonheur, lorsque nous étions jeunes, le dimanche midi, quand ce n'était pas le rôti de bœuf, c'était le rôti de porc ou le poulet rôti. Et on aspirait l'ail qui avait cuit dans sa peau.

Saucisses, frites, compote de pommes

Temps de préparation : 30 min
Temps de cuisson : 10 min compote et 10 min saucisses

Ingrédients pour 6 personnes :
- 6 saucisses de porc et de veau ou pur porc *(pas grasses)*
- 4 belles pommes à cuire
- Beurre
- Frites maison
- Sel et poivre

- Éplucher les pommes, les couper en morceaux et les mettre dans une casserole avec 1 cuillerée à soupe d'eau ***(pas de sucre !)***.
- Laisser fondre tout doucement à couvert. Surveiller.
- Dans une poêle, faire fondre le beurre, quand il est bien chaud, y faire revenir les saucisses de tous côtés, saler et poivrer, baisser le feu.
- Couvrir et laisser cuire 8 minutes environ.
- Les frites… (voir la recette **Les frites comme à la maison**)
- Servir les saucisses avec la compote et les frites.

Quand nous étions petites, c'était le repas du jeudi midi.
On se régalait, et bien sûr on buvait de la bière !
Hééé, oui ! À la maison il n'y avait pas d'eau à table…
L'après-midi, on n'allait pas en classe à cette époque-là !

Saucisson de Lyon à la crème

Temps de préparation : 20 min
Temps de cuisson : 20 min

Ingrédients pour 4 personnes :
- 1 saucisson de Lyon
- 1 verre de vin blanc sec
- 1 bouquet de persil
- 2 échalotes
- 30 cl de crème fraîche
- 12 pommes de terre *(Amandines de préférence)*
- Sel et poivre

- Hacher le persil et les échalotes.
- Dans une grande casserole, porter 1 l d'eau à ébullition avec le vin blanc.
- Piquer ou non le saucisson (*les avis diffèrent…*) et laisser pocher dans l'eau frémissante durant 20 minutes.
- Pendant ce temps, faire cuire les pommes de terre épluchées durant 20 minutes.
- Surveiller la cuisson pour qu'elles ne soient pas trop cuites.
- Faire bouillir 30 cl de crème fraîche. Saler modérément, *le saucisson étant déjà salé*, poivrer et ajouter le mélange persil-échalotes, en réservant 2 cuillerées à soupe.
- Dresser dans un plat le saucisson coupé en rondelles, l'entourer de pommes de terre avec la crème persillée et saupoudrer avec le reste du mélange persil-échalotes.

Je ne prépare plus le saucisson de Lyon que de cette façon, c'est plus original que la salade de pommes de terre et c'est délicieux. Les charcutiers des Halles de Lyon disent qu'il ne faut jamais piquer le saucisson… Jacotte

Saucisson de Tante Léonie

Recette prise dans le livre de Maman

Temps de préparation : 40 min
Temps de cuisson : 40 min

Ingrédients pour 6 personnes :
- 4 escalopes de veau, larges et minces
- 400 g de hachis porc et veau
- 1 petite boîte de pelures de truffes
- 1 œuf entier
- Madère
- Crépine
- 500 g de champignons de Paris
- 30 cl de crème fraîche épaisse

- Mélanger les pelures de truffes avec l'œuf et 1 cuillerée à soupe de Madère.
- Ajouter au hachis. Bien mélanger.
- Garnir les escalopes de ce hachis et former des saucissons.
- Entourer les saucissons avec la crépine.
- Faire revenir les saucissons dans une cocotte avec du beurre. Quand ils sont bien dorés, couvrir la cocotte et laisser cuire à feu doux pendant 40 minutes.
- Pendant ce temps, cuire les champignons coupés en quatre dans un peu de beurre et un filet de citron. Ajouter la crème et laisser épaissir. Réserver.
- Retirer les saucissons, les couvrir d'une feuille d'alu pour les maintenir au chaud. Ajouter 1 cuillerée à soupe de Madère dans la cocotte et faire réduire un peu la sauce. Réserver.
- Découper les saucissons en tranches épaisses. Mettre les tranches de saucisson autour d'un plat de service rond. Garnir le milieu du plat avec les champignons que vous aurez réchauffés.
- Décorer d'un peu de persil ciselé.
- Servir la sauce en saucière. Accompagner d'une purée maison, ou d'épinards frais.

Souvent Tante Nonie préparait ces petits saucissons le dimanche quand nous déjeunions chez elle. Quel souvenir !

Tomates farcies

Temps de préparation : 40 min
Temps de cuisson : 45 min

Ingrédients pour 6 personnes :
- 2 tomates par personne
- 800 g de hachis porc et veau nature
- Ail
- Persil
- Sel et poivre

POUR LA SAUCE :
- 1 oignon ou 1 échalote
- 1 petite boîte de concentré de tomates
- Thym
- Huile d'olive
- 2 gousses d'ail
- Les queues du persil
- Sel et poivre

- **Préchauffer le four à 200 °C (th. 6-7).**
- Évider les tomates, garder le couvercle (*garder l'intérieur qui servira pour la sauce*).
- Les saler un peu et les retourner sur le plan de travail afin qu'elles perdent leur eau.

Préparer la farce :

- Mettre la viande hachée dans un cul-de-poule.
- Ajouter du persil, saler et poivrer.
- Bien mélanger *avec une fourchette.*
- Puis remplir les tomates de cette farce, remettre le chapeau qui est évidé de son centre.

- Ajouter un éclat d'ail au milieu du chapeau en l'enfonçant bien dans le hachis.
- Mettre dans un plat, ajouter un peu d'huile d'olive.
- Mettre au four, le baisser à 180 °C (th. 6) et cuire au minimum 45 minutes.

Préparer la sauce :

- Dans un blender, mixer l'intérieur des tomates, 1 oignon (ou 1 échalote) coupé en morceaux, la petite boîte de concentré de tomates, l'ail, un peu de thym, 1 cuillerée à soupe d'huile d'olive, saler et poivrer. (Vous pouvez ajouter du persil ou du basilic.)
- Après un bon quart d'heure de cuisson des tomates farcies, vider le jus que celles-ci ont rendu et y mettre la sauce qui cuira tout doucement.
- Continuer la cuisson.

Servir avec des frites !!
des spaghettis ou des tagliatelles.

Cailles aux raisins

Temps de préparation : 20 min
Temps de cuisson : 30 min

Ingrédients pour 4 personnes :
- 4 cailles
- 4 tranches (très fines) de jambon cru
- 1 belle grappe de gros raisin blanc
- ou 200 g de raisins secs blancs
- 200 g d'oignons grelots *(frais ou surgelés)*
- 2 gousses d'ail non pelées
- Thym
- 2 cl de porto
- 5 cuil d'huile d'arachide
- 25 g de beurre
- Sel et poivre

- **Préchauffer le four à 180 °C (th. 6).**
- Envelopper chaque caille de la tranche de jambon cru.
- Éplucher les petits oignons. Enlever les raisins de la grappe, ou s'ils sont secs, les laisser tremper une demi-heure.
- Dans une cocotte en fonte, faire chauffer l'huile.
- Faire dorer les cailles.
- Baisser le feu, ajouter le thym, l'ail et les petits oignons. Laisser blondir doucement, couvercle posé sur la cocotte.
- Après 10 minutes, ajouter les raisins, mélanger et mouiller avec le porto.
- Remettre le couvercle, et continuer la cuisson au four encore 20 minutes.
- Surveiller et si nécessaire ajouter un peu d'eau.
- Servir les cailles avec une bonne purée de pommes de terre (voir recette de la purée).
- Dans un plat creux, mettre la purée dans le fond, recouvrir avec les cailles et le mélange oignons-raisins. Gratter les sucs du plat avec 1 cuillerée à soupe d'eau et un morceau de beurre.
- Napper les cailles.

Confit de canard, salade d'épinards crus et orange

Temps de préparation : 45 min
Temps de cuisson : 15 min pour les confits

Ingrédients pour 4 personnes :
- 1 boîte de cuisses de canard confites
- 400 g de pousses d'épinards frais
- 300 g d'oranges
- 1 échalote
- 2 cuil. à soupe de fines herbes hachées : persil, cerfeuil, ciboulette
- 4 cuil. à soupe d'huile d'arachide
- ½ cuil. à soupe de vinaigre de vin vieux
- 1 cuil. à soupe de vinaigre de Xérès
- Sel et poivre

- **Préchauffer le four à 200 °C (th. 6-7).**
- Sortir les cuisses de canard, retirer le surplus de graisse et les disposer dans un plat à four. Mettre à chauffer 15 minutes.
- Trier et équeuter les épinards après les avoir lavés. Bien les essorer.
- Ciseler les herbes.
- Hacher finement l'échalote.
- Peler les oranges à vif, détacher les quartiers et éliminer la peau et les pépins. Réserver le tout.
- Couper les épinards en lanières d'½ cm environ.
- Mettre dans un bol 1 bonne pincée de sel, poivre moulu, le vinaigre de vin, l'huile d'arachide, le vinaigre de Xérès.
- Bien mélanger l'ensemble au fouet.
- Au moment de servir, mettre dans un saladier : les épinards, les fines herbes, l'échalote, les quartiers d'oranges. Arroser de la vinaigrette bien fouettée.
- Mélanger délicatement.
- Servir avec les cuisses de canard confites et chaudes.

Canard à l'orange

Temps de préparation : 40 min
Temps de cuisson : 1 h + 25 min + 10 min

Ingrédients pour 4 personnes :
- 1 canette de Barbarie de 2 kg *(avec cou, ailerons, foie et gésier)*
- 4 oranges à fine peau
- 1 échalote
- 4 cuil. à soupe d'huile d'arachide
- 30 g de beurre
- 3 cuil. à café de sucre
- 1 cuil. à soupe de farine ou Maïzena
- 4 cl de porto *(3 cuil. à soupe)*
- Sel et poivre

- **Préchauffer le four à 210 °C (th. 7).**
- Ficeler la canette et garder les abats à part.
- Mettre la canette dans un plat allant au four, la saler et poivrer et ajouter 2 cuillerées à soupe d'huile et 1 verre d'eau.
- Mettre au four pour 20 minutes et retourner la canette.
- Baisser la température à 160 °C (th. 5-6), et remettre au four pendant 40 minutes.
- Pendant la cuisson, couper en petits morceaux le cou, le gésier et les ailerons du canard.
- Dans une casserole (1), mettre 2 cuillerées à soupe d'huile. Quand l'huile est chaude, y faire revenir tous les petits morceaux d'abats, ajouter 1 cuillerée à café de sucre et l'échalote hachée. Laisser dorer pendant environ 4 minutes.
- Ajouter ensuite la cuillerée à soupe de farine, bien mélanger et ajouter le porto, mélanger.
- Ajouter 20 cl d'eau et le jus de 2 oranges.
- Saler et poivrer.
- Porter à ébullition, couvrir la casserole et laisser mijoter pendant 25 minutes.
- Pendant ce temps-là, prélever le zeste de 2 oranges avec un épluche-légumes. Couper ce zeste en petits bâtonnets.

- Les mettre dans une casserole, les couvrir d'eau et faire bouillir.
  À ébullition, les égoutter, les remettre dans la casserole, recouvrir d'eau froide, ajouter une pincée de sel, 2 cuillerées à café de sucre et laisser cuire à frémissement 10 minutes.
- Ensuite, les égoutter et réserver.
- Peler à vif les 2 oranges zestées. Prélever tous les quartiers d'orange.
  Les mettre dans un bol et les recouvrir du jus qui reste dans les oranges.
  Maintenant, le canard est cuit. Le sortir du four et le poser sur un plat.
- Jeter la graisse de cuisson, poser le plat (sale) sur feu fort et y verser le jus d'oranges (sans les quartiers) et frotter le plat pour décoller les sucs.
- Découper le canard, et le garder au chaud dans le four éteint, dans son plat de service.
- Passer la sauce de la casserole (1) dans une passoire fine, au-dessus d'une autre casserole et la poser sur feu doux.
- Ajouter les quartiers d'oranges et faire chauffer 3 minutes.
- Ajouter la sauce déglacée du plat de cuisson et les zestes d'orange confits.
  Maintenir au chaud.
- Sortir le plat du four, déposer les quartiers d'orange autour du canard.
- Verser la sauce et les zestes sur le canard.
- Ajouter une garniture de cresson de part et d'autre du plat.

C'était tout à fait exceptionnel quand nous mangions le canard à l'orange à la maison et Maman le servait avec des croquettes de pommes de terre.

Civet de lièvre

Temps de préparation : 1 h
Temps de repos : 24 h
Temps de cuisson : 2 h

Ingrédients pour 8 personnes :
- 1 lièvre de 2 kg
- 200 g de lardons
- 200 g de champignons
- 20 petits oignons
- 10 cl de crème fraîche
- 5 cl de cognac
- 30 g de farine

POUR LA MARINADE :
- 1 bouteille de vin rouge
- 4 cuil. à soupe de vinaigre de vin
- 6 cuil. à soupe d'huile d'arachide
- 1 oignon
- 1 carotte
- 1 petite branche de céleri
- 2 échalotes
- 3 gousses d'ail
- Thym, laurier, persil
- 2 clous de girofle, 6 grains de coriandre, 6 grains de poivre, 1 pointe de sel

Préparer la marinade :
- Mettre le lièvre découpé dans un saladier, le recouvrir de vin rouge, ajouter 4 cuillerées à soupe de vinaigre de vin, 6 cuillerées à soupe d'huile d'arachide.
- Ajouter les légumes coupés en petits morceaux, l'ail, le thym, le laurier, le persil, les grains et le sel.
- Mariner pendant 24 heures, dans un endroit frais.

Le lendemain, égoutter le lièvre, éponger et fariner légèrement les morceaux.
- Les faire revenir à feu vif dans un faitout en fonte avec un peu de beurre et d'huile d'arachide.

- Flamber avec le cognac.
- Passer la marinade et garder le jus.
- Mouiller avec la marinade passée, compléter si nécessaire avec de l'eau afin que la viande soit recouverte.
- Couvrir et laisser cuire 2 heures (*la cuisson peut se faire également à couvert au four*).
- Ajouter en cours de cuisson les lardons que vous aurez blanchis et rissolés, les oignons coupés finement et les champignons coupés crus.
- Continuer la cuisson.
- Lier avec un peu de crème fraîche.

Vous servez le civet avec des frites,
de la purée, des tagliatelles à votre choix.

Faisan aux pommes

Temps de préparation : 15 min
Temps de cuisson : 1 h 15

Ingrédients pour 4 personnes :
- 2 faisans
- 2 grosses pommes à cuire
- 4 fines tranches de lard fumé
- 4 gousses d'ail non épluchées
- Thym et laurier
- Huile d'arachide
- 40 g de beurre
- 5 cl de cognac
- Sel et poivre

- **Préchauffer le four à 160 °C (th. 5-6).**
- Entourer les faisans des tranches de lard fumé. Ficeler.
- Dans une cocotte en fonte, mettre 2 cuillerées à soupe d'huile et 40 g de beurre et faire dorer les faisans sur toutes leurs faces.
- Ajouter l'ail, le thym et le laurier, saler et poivrer.
- Mettre la cocotte au four 10 minutes sans la couvrir. La sortir du four et flamber les faisans avec le cognac (*chauffé au préalable*).
- Peler les pommes, et les couper en quatre.
- Mettre les quartiers de pommes autour du faisan.
- Couvrir la cocotte. La remettre dans le four pour 1 heure.
- Au moment de servir, débarrasser les faisans du lard, les découper et les remettre dans la cocotte. Couper les tranches de lard en petits morceaux et les mettre sur les pommes.
- Servir avec quelques petites pommes de terre revenues dans le beurre.

Lapin à la moutarde, tout simplement

Temps de préparation : 10 min
Temps de cuisson : 50 min

Ingrédients pour 4 personnes :
- 1 lapin de 1,2 kg
- 3 échalotes
- 2 branches de thym
- 2 cuil. à soupe de moutarde forte
- 50 g de beurre
- 20 cl de crème fraîche
- 15 cl de vin blanc
- Sel et poivre

- **Préchauffer le four à 210 °C (th. 7).**
- Éplucher les échalotes, les mettre dans le mixeur avec 50 g de beurre mou et 2 cuillerées à soupe de moutarde, 2 branchettes de thym, trois pincées de sel et 10 tours de moulin à poivre.
- Mixer pour obtenir un mélange homogène.
- Poser le lapin dans un plat allant au four.
- Tartiner le lapin à l'intérieur et à l'extérieur du beurre mixé à la moutarde et le glisser dans le four chaud.
- 20 minutes plus tard, retourner le lapin, ajouter dans le plat le vin blanc sec et laisser cuire 20 minutes supplémentaires.
- Après ce temps, ajouter 20 cl de crème fraîche dans le plat et mélanger.
- Éteindre le four et laisser le lapin 10 minutes dans le four éteint mais chaud.
- Servir avec des pâtes ou une bonne purée.

Pigeons aux petits pois

Temps de préparation : 30 min
Temps de cuisson : 45 min

Ingrédients pour 4 personnes :

- 2 beaux pigeons ou 4 petits pigeons
- 200 g de poitrine de porc fumée
- 2 kg de petits pois à écosser ou 1 kg de petits pois congelés
- 1 botte d'oignons nouveaux
- 4 salades « sucrine »
- 1 bouquet garni (thym, laurier, persil)
- Beurre
- Huile d'arachide
- Sucre en poudre
- ½ verre de Noilly Prat ou de vin blanc sec
- Sel et poivre

- Écosser les petits pois. Réserver dans un saladier.
- Éplucher les oignons, et garder un peu de queue verte.
- Laver les salades, et couper le pied. Ne pas les éplucher.
- Enlever la couenne du lard et le couper en petits morceaux.
- Dans une grande cocotte (*en fonte de préférence*), faire chauffer 2 cuillerées à soupe d'huile, et y faire revenir les lardons avec les oignons. Faire blondir le tout, les enlever et les ajouter aux petits pois (*réservés dans un saladier*).
- Mettre les pigeons dans la cocotte, et les faire dorer de toutes parts, environ 15 minutes (*5 minutes de chaque côté*). Saler et poivrer.
- Enlever les pigeons. Verser le petit verre de Noilly Prat ou de vin blanc sec et gratter bien les sucs. Ajouter 1 à 2 cuillerées à soupe d'eau.
- Poser les pigeons et le bouquet garni. Couvrir et couper le feu.
- Dans le saladier où sont les petits pois et les lardons, ajouter les 4 salades, 100 g de beurre ramolli coupé en petits morceaux, 1/2 cuillerée à café de sucre en poudre, saler. Mélanger délicatement et mettre le tout autour des pigeons dans la cocotte.
- Couvrir et laisser cuire à feu moyen 30 minutes.
- En attendant de servir, mettre la cocotte au four à 80 °C (th. 2-3), pour maintenir la chaleur et continuer la cuisson en douceur.
- Servir dans la cocotte.

Pintade au four dans sa cocotte

Temps de préparation : 30 min
Temps de cuisson : 3 h

Ingrédients pour 4 personnes :
- 1 belle pintade fermière
- 2 oignons
- 2 carottes
- 1 gousse d'ail non pelée
- 20 cl de bouillon de volaille
- Huile d'olive
- Sel et poivre

- **Préchauffer le four à 140 °C (th. 4-5).**
- Dans une grande cocotte, mettre un peu d'huile d'olive et faire revenir la pintade sur toutes ses faces.
- Ajouter les carottes et les oignons coupés en « mirepoix », la gousse d'ail et faire revenir tout doucement. Placer la pintade sur les légumes.
- Ajouter le bouillon de volaille. Et gratter les sucs.
- Saler et poivrer.
- Poser le couvercle sur la cocotte, et enfourner pour 3 heures.
- Après 30 minutes, baisser le four à 120-130 °C (th. 4-5).
- Vérifier en cours de cuisson si tout va bien.
- Quand la pintade est cuite, la découper, et poser les morceaux sur les carottes et oignons.
- Servir la pintade dans sa cocotte, avec une belle salade et quelques pommes de terre sautées.

On peut imaginer de faire cuire quelques pommes grenailles directement dans la cocotte avec la pintade. Dans ce cas, ajouter les pommes de terre aux carottes et oignons. Et il faudra peut-être ajouter un peu d'eau en cours de cuisson.

La poule au riz de Maman

Temps de préparation : Il faut beaucoup de temps, préparation la veille, etc.
Temps de cuisson : 4 h (en gros)

Ingrédients pour 8 personnes :
- 1 belle grosse poule fermière
- 1 oignon piqué de 1 clou de girofle
- 3 gousses d'ail
- 2 carottes
- 2 navets
- 1 bouquet garni
- Sel et poivre

POUR LA SAUCE BLANCHE :
- Le bouillon de cuisson dégraissé *(si possible)*
- Farine *(proportion en fonction de la quantité de sauce)*
- 750 cl de crème fraîche épaisse
- 800 g de champignons de Paris
- 1 truffe *(facultatif)*
- 1 jaune d'œuf
- Le jus de 1 citron
- Sel et poivre

- Mettre la poule entière dans la marmite « pot-au-feu ». Recouvrir d'eau et mettre le couvercle.
- Porter à ébullition et ôter l'écume *(il y en a beaucoup moins que pour un pot-au-feu).*
- Ajouter les légumes, saler, poivrer, couvrir et laisser mijoter 2 à 3 heures.
- Sortir la poule du pot-au-feu, elle se démêle, c'est bien !
- Sortir les légumes. Réserver.

Si c'est l'hiver, mettre la marmite dehors pour laisser refroidir le bouillon. Le gras remonte et se fige à la surface. Il sera donc facile de dégraisser le bouillon. Sinon, laisser refroidir le bouillon avant de le placer au frigo. Filtrer le bouillon bien dégraissé et le **réserver**.
Quand la poule est tiède, ou froide, il faut la décortiquer. Tous les morceaux sont bons. Bien sûr, on enlève la peau. Il ne faut pas que les blancs soient trop grands donc il faut les casser en respectant le sens des fibres. Il faut tout prendre, même les petits morceaux qui sont sur le cou ! Il ne faut jeter que la peau et les os !
Pour ceux qui aiment le foie, le garder, bien sûr.

Réserver pour le lendemain, ou pour tout de suite, si vous faites votre sauce *(attention, la sauce ne se prépare pas la veille).*
Les légumes vous en faites ce que vous voulez, mais ne les jetez pas. Ils sont trop bons !

- Dans une casserole, mettre tous les morceaux de poule, et les couvrir d'un peu de bouillon, faire chauffer doucement. *Il ne faut pas qu'ils soient froids pour les mettre dans la sauce.*
- Cuire les champignons dans un peu de beurre avec un filet de citron. Les couper en tranches très fines ou en morceaux, selon votre goût. **Réserver**, après les avoir égouttés.
- Si vous avez une petite truffe, la couper en tranches très fines, et la recouvrir de cognac *(pas trop)*, et protéger d'un film étirable ou d'une petite assiette. **Réserver**.
- Dans un autre bol, mélanger le jaune d'œuf avec le jus d'un ½ citron. **Réserver**.

Préparation de la sauce :

- Faire fondre un beau morceau de beurre dans une grande cocotte et ajouter la farine. Fouetter jusqu'à obtenir un mélange homogène.
- Ajouter petit à petit le bouillon et laisser chauffer doucement jusqu'à obtention d'une sauce souple, ronde et épaisse.
- Goûter et rectifier l'assaisonnement si nécessaire.
- Ajouter la crème fraîche. Laisser gonfler et épaissir.
- Ajouter les champignons, les morceaux de poules, bien égouttés, la truffe et son cognac.
- Laisser mijoter, tout doucement, tout doucement, que tout prenne le goût de tout !

Préparation du riz :

- Dans un faitout, mettre du riz blanc et recouvrir de bouillon : 1 volume de riz, 2 volumes de bouillon. Ne pas saler ! Le bouillon est déjà salé.
- Pendant la cuisson du riz, ajouter de la sauce au mélange œuf-citron, bien mélanger. Ensuite mettre dans le faitout et mélanger tout doucement.
- Tout est prêt ! Servir la poule dans son faitout, le riz dans un plat. Un vrai régal.

Pour une poule plus rustique, on peut y ajouter les légumes coupés en morceaux. Tout est possible. Il est préférable de s'y prendre la veille. La recette que je donne ci-dessus est la plus simple. Bien sûr, on peut très bien préparer la poule avec les légumes du pot-au-feu, poireaux, céleri, navets, etc. ; et ceux qu'on aime, et toutes les viandes qu'on veut.

Poulet au citron et tagliatelles

Temps de préparation : 15 min
Temps de repos : 1 à 2 h
Temps de cuisson : 20 min

Ingrédients pour 4 personnes :
- 2 ou 3 blancs de poulet
- 1 citron
- 2 citrons confits
- 30 cl de crème fraîche entière
- Huile d'olive
- Tagliatelles pour 4 personnes
- Sel et poivre

- Couper les blancs de poulet en lamelles assez épaisses.
- Presser le citron.
- Couper les citrons confits en morceaux.
- Mettre les morceaux de poulet dans une assiette creuse et recouvrir du jus de citron et des morceaux de citrons confits.
- Couvrir et laisser mariner au minimum 1 heure en mélangeant 1 à 2 fois.
- Dans une poêle épaisse, faire revenir les blancs de poulet dans un peu d'huile, les faire colorer légèrement.
- Ajouter le jus de citron et les morceaux de citrons confits et laisser réduire.
- Laisser mijoter 10 minutes. Ajouter la crème fraîche, faire épaissir. Maintenir au chaud.
- Faire bouillir de l'eau salée, et y cuire les tagliatelles.
- Quand les pâtes sont cuites, les égoutter, les mettre dans un plat creux, et verser au milieu le poulet et sa crème. Servir.

C'est une recette que j'ai complètement inventée, et tous ceux qui y gouttent se régalent toujours avec beaucoup de plaisir. Annette

Poulet rôti, avec ses pommes de terre autour

Temps de préparation : 15 min
Temps de cuisson : environ 2 h

Ingrédients pour 6 personnes :
- Un gros poulet fermier de 2 kg
- 1 kg de pommes de terre *(Rates ou Amandines)*
- Beurre
- Thym, laurier
- 10 gousses d'ail non épluchées
- Sel et poivre

- **Préchauffer le four à 160 °C (th. 5-6).**
- Poser le poulet dans un grand plat allant au four.
- Saler, poivrer, ajouter les gousses d'ail non épluchées, le thym et le laurier.
- Ajouter un peu d'eau (la valeur de 2 à 3 cuillerées à soupe).
- Mettre au four pour 2 heures minimum.
- Cuire les pommes de terre à la pelure, les éplucher.
- 1 heure avant la fin de la cuisson du poulet, mettre les pommes de terre autour du poulet. Les mélanger avec le jus de cuisson. Ajouter de l'eau et du beurre si nécessaire. Les arroser et les retourner plusieurs fois.
- Au moment de servir, enlever le poulet, déglacer la sauce avec une goutte d'eau et un morceau de beurre, découper le poulet avant de le replacer dans le plat.

***Variantes :** vous pouvez ajouter quelques petites tomates cerises avec les pommes de terre.*
Vous pouvez aussi cuire votre poulet sans les pommes de terre, et le farcir d'estragon frais, et alors, vous finissez votre sauce en ajoutant de la crème fraîche…
Il y a beaucoup de possibilités avec le poulet! **Faites preuve d'imagination !**

Poulet au vinaigre

Temps de préparation : 20 min
Temps de cuisson : 35 min

Ingrédients pour 6 personnes :
- 1 bon gros poulet découpé
- 3 petits oignons
- 3 échalotes
- 3 gousses d'ail en chemise *(non pelées)*
- 3 carottes
- 10 cl de bon vinaigre de vin à l'estragon
- 20 cl de bouillon de volaille
- 1 cuil. à soupe de concentré de tomates
- 1 cuil. à soupe de farine
- 1 cuil. à café de moutarde
- 50 cl de crème fraîche
- 2 branches d'estragon
- Beurre
- Sel et poivre

- **Préchauffer le four à 230 °C (th. 7-8).**
- Dans une poêle, mettre un bon morceau de beurre pour y faire dorer les morceaux de poulet, ajouter les petits oignons et les échalotes émincés, les carottes coupées en morceaux.
- Dans une cocotte allant au four, mettre un bon morceau de beurre, poser les morceaux de poulet sauf les blancs et leur accompagnement.
- Saler et poivrer. Couvrir la cocotte.
- Enfourner.

- Après 15 minutes, mouiller le poulet avec le vinaigre, ajouter les blancs et remettre au four 20 minutes. Sortir le poulet de la cocotte.
- Mélanger le concentré de tomates avec la farine. L'ajouter dans la cocotte, avec le jus de cuisson, la moutarde et le bouillon de volaille.
- Ajouter la crème fraîche en continuant de remuer avec le fouet.
- Passer cette sauce dans un chinois au-dessus d'une casserole en écrasant bien tous les légumes.
- Remettre le poulet dans la cocotte et ajouter la sauce.
- Ajouter de l'estragon effeuillé avant de servir.

Le poulet au vinaigre se sert avec un riz créole,
ou une purée de pommes de terre.

Waterzoï de poulet à ma façon (Colette)

Temps de préparation : 30 min
Temps de cuisson : 45 min

Ingrédients 8 personnes :
- 2 poulets
- 1 kg de carottes
- 4 poireaux
- 1 boule de céleri
- 1 oignon, 2 ails
- 50 cl de crème fraîche
- 3 bouillons cubes
- 3 cuil. à café de Maïzena
- Sel et poivre

- Couvrir les deux poulets dans la cocotte-minute avec l'eau, le sel, le poivre, l'oignon, l'ail et les bouillons cubes. Faire cuire sous pression 25 minutes.
- Sortir les poulets, enlever la peau et désosser complètement.
- Dégraisser le bouillon.
- Couper les légumes en cubes, les mettre dans une cocotte et les couvrir de bouillon. Laisser cuire 10 minutes. Ajouter du bouillon si c'est nécessaire, vérifier l'assaisonnement. *(Tout ceci peut être fait la veille.)*
- Le lendemain, ajouter la crème fraîche, faire bouillir, ajouter la fécule de maïs que l'on aura délayée dans un peu de bouillon froid, les légumes puis le poulet. Tenir au chaud.
- Parsemer de persil haché.
- Servir avec du riz.

Mon waterzoï de poulet (Annette)

Temps de préparation : 1 h
Temps de cuisson : 1 h la veille + 30 min

Ingrédients pour 6 à 8 personnes :
- 1 gros poulet de ferme
- 6 blancs de poireaux
- 2 carottes
- 1 navet
- 1 petite tête de céleri
- 1 jaune d'œuf
- 50 cl de crème fraîche épaisse
- 1 petit bouquet de cerfeuil
- Sel et poivre

POUR LE BOUILLON :
- 1 bouquet garni, 1 oignon, les verts des poireaux

POUR L'ACCOMPAGNEMENT :
- De la semoule

La veille :

- Préparer le poulet : enlever la peau, les blancs, les cuisses. Réserver la chair du poulet au frais.
- Préparer un bouillon avec la carcasse, l'oignon, les verts de poireaux et le bouquet garni, poivrer et saler.
- Laisser mijoter 1 petite heure. Ensuite, récupérer le bouillon, le passer dans un chinois afin qu'il soit bien clair.
- Laisser refroidir, et mettre au frais *(enlever le gras en le sortant du frigo).*

Le lendemain :

- Couper les blancs de poireaux très finement, les carottes, le navet et la moitié de la tête de céleri en julienne.
- Mettre les légumes dans une cocotte, poser les blancs, les cuisses et les autres morceaux de poulet sur le dessus.
- Recouvrir du bouillon, faire chauffer doucement. Quand le bouillon frémit, laisser mijoter environ 20 minutes.
- Éventuellement, il faudra enlever un peu de bouillon.
- Ajouter la crème fraîche, la sauce va épaissir un peu et doit être onctueuse.
- Goutter, et ajouter poivre et sel si nécessaire.
- Mélanger le jaune d'œuf avec un peu de sauce, et juste avant de servir, ajouter l'œuf dans la sauce, mélanger délicatement.
- Saupoudrer de cerfeuil haché. C'est prêt. Vous pouvez servir.

Accompagnement : Préparer la semoule de blé *(couscous moyen)*, 1 dose de semoule, un peu de sel, un morceau de beurre, et recouvrir d'eau bouillante. Couvrir et laisser gonfler.
Au moment de servir, gratter la semoule avec une fourchette.

C'est délicieux !

Annette

Les desserts

Les crèmes

Les tartes

Les autres desserts

Les liqueurs

Crème anglaise

Temps de préparation : 15 min
Temps de cuisson : 10 min

Ingrédients pour 4 personnes :
- 25 cl de lait
- 1 sachet de sucre vanillé ou 1 bâton de vanille
- 4 jaunes d'œufs
- 65 g de sucre en poudre

- Porter le lait à ébullition avec le sucre vanillé.
- Séparer les blancs des jaunes.
- Fouetter les jaunes avec le sucre pour obtenir un mélange bien blanc.
- Ajouter le lait bouillant, en mélangeant vivement.
- Remettre le tout dans la casserole en passant le mélange à travers un chinois *(pour éviter de retrouver des germes).*
- Faire cuire entre 8 à 10 minutes à feu très doux sans cesser de remuer et sans laisser bouillir.
- Laisser refroidir.

Cette crème sert également de base pour la glace vanille, ou autre parfum.

Astuce : si la crème vient à tourner, la mixer au batteur.

Avec les blancs d'œufs, faire des congolais,
ou des meringues (voir recettes).
Les blancs d'œufs se conservent au congélateur.

Crème au beurre
du livre de recettes de Maman

Temps de préparation : 30 min

Ingrédients :
- 2 œufs
- 120 g de beurre non salé
- 120 g de sucre en poudre
- Café ou chocolat (fort)

- Battre les jaunes d'œufs avec le sucre.
- Ajouter le beurre en pommade.
- Travailler la crème jusqu'à consistance voulue.
- Ajouter extrait de café ou chocolat.

Avec les blancs vous ferez des petits congolais… ou des petites meringues, parce que dans le temps, on ne perdait rien.

J'adorais la crème au beurre, au café bien sûr ! Papa en faisait pour le dessert et entre 2 petits « Lu », il en mettait tellement que c'était un vrai gâteau. Il faisait ce dessert quand nous étions à La Panne (Belgique). Ah oui, j'étais petite, et c'est drôle, parce que mes grandes sœurs ne s'en souviennent pas du tout. Peut-être qu'elles n'aimaient pas le « moka ». J'ai toujours aimé, encore aujourd'hui et mes enfants le savent ! Annette

Crème chiboust au citron

Temps de préparation : 20 min
Temps de cuisson : 10 min

Ingrédients :
- 60 g de jus de citron
- 15 cl de crème liquide
- Le zeste de 1 citron
- 1 œuf
- 50 g de sucre en poudre
- 8 g de Maïzena
- 1 feuille de gélatine
- 2 blancs d'œuf battus en neige ferme

- Mélanger le jus de citron, le zeste et la crème.
- Porter le mélange à ébullition.
- Mélanger l'œuf, 40 g de sucre et la Maïzena.
- Ajouter à la préparation précédente et porter de nouveau à ébullition (*la crème ne tourne pas*).
- Ajouter la feuille de gélatine qui aura trempé précédemment dans l'eau froide.
- Monter les blancs en neige et serrer avec les 10 g de sucre restant.
- Laisser refroidir et mettre au frigo.

Je me sers de cette crème pour fourrer des crêpes froides.
J'étale quatre ou six crêpes (froides) les unes à côté des autres et je dispose en leur centre deux cuillères à soupe de crème chiboust.
Je plie la crêpe en deux, et la roule pour obtenir un cylindre. Je replie vers le dessous les deux extrémités.
Disposer une crêpe fourrée par assiette et verser un peu de coulis de framboise.

Jacotte

Crème Chantilly de base

Temps de préparation : 15 min
Temps de cuisson : 10 min

Ingrédients pour 250 g de crème :
- 25 cl de crème fleurette
- 30 g de sucre glace

- Mettre la crème fraîche, le bol et les fouets au congélateur ou au frigo *(15 minutes avant de s'en servir).*
- Battre la crème liquide, commencer doucement et accélérer.
- Quand la crème commence à épaissir, ajouter le sucre tout doucement, tout en continuant de battre.
- Continuer jusqu'à obtention d'une crème très ferme.
- Réserver au frigo.

Pour une crème salée, bien sûr ne pas mettre de sucre ! Ajouter du sel, du jus de citron, du poivre, du roquefort, du saumon... en fonction de ce que vous souhaitez faire.

Ma crème pâtissière, ma crème pâtissière allégée...

Temps de préparation : 20 min + 15 min
Temps de cuisson : environ 10 min

Ingrédients pour 1 l de crème « pâtissière » :
- 50 cl de lait
- 1 sachet de sucre vanillé
- 150 g de sucre
- 6 jaunes d'œufs
- 20 g de farine
- 20 g de Maïzena
- 1 petit morceau de beurre
- 10 cl de crème fleurette
- 10 g de sucre glace

- Faire bouillir le lait, le sucre vanillé et 50 g de sucre.
- Pendant ce temps, verser les jaunes d'œufs et les 100 g de sucre restant dans le saladier.
- Battre le tout au fouet jusqu'à ce que le mélange blanchisse.
- Verser progressivement la farine et la Maïzena, et mélanger l'ensemble.
- Verser le lait bouillant en fouettant vivement. Reverser aussitôt ce mélange dans la casserole.
- Remettre à plein feu et fouetter la préparation pendant environ 1 minute, en allant bien jusqu'au fond de la casserole pour éviter que la crème n'attache.
- Verser aussitôt dans le saladier.
- Frotter la surface avec un petit morceau de beurre, pour éviter la formation d'une pellicule croûtée.
- **Pour la préparation de la crème pâtissière allégée**, il suffit de rajouter de **la crème Chantilly** dans la crème pâtissière refroidie (voir la recette précédente).

Avec les blancs d'œufs, faire des congolais ou des meringues (voir recettes). Les blancs d'œufs se conservent au congélateur.

Crème renversée de Maman

Temps de préparation : 15 min
Temps de cuisson : 25 min

Ingrédients pour 6 personnes :

- 50 cl de lait
- 80 g de sucre en poudre
- 4 œufs
- Sucre vanillé ou bâton de vanille
- 12 morceaux de sucre pour le caramel
- 1 cuillère à soupe d'eau

Préparation du caramel :

- Mettre les morceaux de sucre dans un moule à manqué, avec 1 cuillerée à soupe d'eau et laisser caraméliser. Bien l'étaler sur toutes les parois.
- Réserver au frais *(Le caramel durcit très vite).*

Préparation de la crème :

- Faire bouillir le lait avec le sucre vanillé ou le bâton de vanille.
- Battre les 4 œufs entiers avec le sucre jusqu'à obtention d'un mélange clair et homogène.
- Quand le lait arrive à ébullition, le verser sur le mélange œufs-sucre, tout en continuant de battre.
- Reverser *(avec un chinois)* la préparation dans le moule caramélisé et froid.
- Enfourner à 180 °C (th. 6), dans un four froid, pour 25 minutes.
- Vérifier la cuisson avec un couteau, dont la lame doit ressortir sèche.
- Laisser refroidir et mettre au frigo.
- Retourner sur le plat de service après avoir passé le couteau tout autour du moule.

Personnellement, tout comme Maman le faisait,
j'emploie un moule à cake en fer-blanc.
Le chinois permet d'enlever les germes. Françoise

Notre pâte brisée

Temps de préparation : 20 min

Ingrédients pour une pâte de 500 g :
- 230 g de farine
- 180 g de beurre *(ramolli, température ambiante)*
- 20 g de lait en poudre
- 10 g de sucre semoule *(pour une pâte sucrée)*
- 1 œuf entier
- 1 pincée de sel
- 1 cuillère à soupe d'eau *(facultatif... cela dépend de la taille de l'œuf !)*

- Mettre tous les ingrédients dans un cul-de-poule, farine, beurre, lait, sucre, sel et ajouter l'œuf.
- Malaxer à la main *(une seule main suffit, et si possible avec un gant latex).*
- Faire une boule.
- Mettre la boule sous un film ou dans un sachet plastique.
- La garder au frais toute la nuit ou la demi-journée selon le moment choisi pour la préparation de la tarte.

C'est une recette que nous pratiquons depuis quarante ans, c'est la meilleure que nous ayons goûtée... Pour ne rien vous cacher, nous la devons à ***Michel Guérard****!*
Cette pâte remplace facilement la pâte sablée.
Ne pas hésiter à la congeler, ni à la séparer en 2 morceaux pour des tartes plus petites.
Vous pouvez utiliser un robot pour faire votre pâte.

Astuce... de Guite, pour gagner du temps :
Quand je prépare ma pâte brisée, je l'étale très finement et à l'aide de différents cercles (plat rond, assiette plate, à dessert), je découpe différentes tailles de tartes que je place entre du papier sulfurisé avant de les mettre au congélateur.

J'ai ainsi toujours de quoi faire une tarte à l'improviste.

Pâte sablée

Temps de préparation : 20 min
Temps de repos : 6 à 12 h

Ingrédients pour une pâte de 500 g :
- 250 g de farine
- 150 g de beurre *(ramolli, température ambiante)*
- 75 g de sucre semoule
- ½ sachet de sucre vanillé
- 1 œuf entier
- 1 pincée de sel
- 1 cuillère à soupe d'eau *(facultatif)*

- Mettre les ingrédients : farine, sucre, sucre vanillé et sel dans un cul-de-poule.
- Mélanger.
- Ajouter le beurre ramolli et l'œuf.
- Malaxer à la main, tout doucement.
- Quand tous les ingrédients sont bien mélangés, écraser la pâte avec la paume de la main, finir par faire une boule.
- Mettre la boule sous un film ou sachet plastique.
- La garder au frais la nuit ou la demi-journée selon le moment choisi pour la préparation de la tarte.
- Possibilité de la congeler.

Cette pâte est superbe pour une tarte aux fraises ou la confection de sablés.

Encore merci Michel Guérard !
Ce sont vraiment les meilleures.

Pâte feuilletée

Temps de préparation : temps assez long

Ingrédients pour 600 g de pâte :
- 250 g de farine
- 250 g de beurre
- 50 g de beurre ramolli
- 1 petite cuillère à café de sel
- 12 cl d'eau

Si l'on possède un appareil pour faire les pâtes *(ou faire à la main)*,

- Verser dans le bol de l'appareil la farine, les 50 g de beurre, le sel et 12 cl d'eau.
- Mettre l'appareil en route et le laisser tourner jusqu'à ce que les ingrédients se mettent en boule.
- Aplatir la boule, inciser légèrement le dessus avec la lame d'un couteau.
- L'envelopper dans un plastique et la laisser reposer 2 heures au frigo.
- Sortir les 250 g de beurre du frigo, le poser entre deux plastiques, et taper dessus avec le rouleau à pâtisserie pour l'aplatir et lui donner la forme d'un carré de 15 cm de côté.
- Fariner la table, sortir la pâte du frigo et l'étendre au rouleau en lui donnant la forme d'un carré de 25 cm de côté.
- Placer au milieu de ce carré le carré de beurre en le plaçant en losange.
- Replier dessus les quatre triangles de la pâte de façon à obtenir l'apparence d'une enveloppe postale.
- Fariner la table et étendre au rouleau la pâte beurrée pour lui donner la forme d'une bande de 25 cm de large sur 50 cm de long. Attention de ne pas appuyer trop fort.
- Replier la pâte 3 fois sur elle-même, pour obtenir un rectangle de 17 cm × 25 cm. **Voilà, le premier tour est fait.**

- Faire pivoter ce rectangle de ¼ de tour et allonger la pâte pour reformer une nouvelle bande de la même dimension puis la replier 3 fois sur elle-même, comme pour le premier tour. **Voilà, le deuxième tour est fait.**

- Laisser reposer la pâte entourée d'un plastique 30 minutes dans le frigo.
- **Puis refaire 2 autres tours.** Attention de ne pas enfoncer le rouleau dans la pâte, pour éviter que le beurre passe au travers.
- Remettre au frigo 30 minutes.
- **Puis refaire 2 autres tours** en faisant comme précédemment. Ceci nous donne **un total de 6 tours**.
- Remettre au frigo 30 minutes.

- Maintenant, vous pouvez utiliser la pâte pour faire des feuilletés ou des tartes.
- Cuire à four chauffé à 220 °C (th.7-8).

Cette pâte peut être détaillée et mise au congélateur en ayant soin d'intercaler un plastique entre chaque couche de feuilletés.

Cette recette me vient de Michel Guérard,
et je la prépare à chaque fois que je fais un mille-feuille...
Colette

Tarte à la rhubarbe

Temps de préparation : 30 min
Temps de repos : 1 nuit
Temps de cuisson : 30 min

Ingrédients pour tarte de 25 à 30 cm :
- 1 pâte brisée *(voir la recette Notre pâte brisée)* ou feuilletée toute faite
- 500 g de rhubarbe *(voire un peu plus... tout dépend de la taille de la tourtière)*
- 150 g de sucre
- 2 œufs entiers
- 15 cl de crème fraîche *(ou plus...)*

La veille :

- Couper la rhubarbe en petits tronçons, et la mettre dans un plat creux avec le sucre.
- Couvrir et mettre au frigo une nuit ou quelques heures.

Le lendemain :

- **Préchauffer le four à 220 °C (th. 7-8), le baisser à 200 °C (th. 6-7)** en mettant la tarte.
- Passer la rhubarbe et garder le jus.
- Rouler la pâte, étaler sur la tourtière, piquer la pâte et mettre un peu de farine et de sucre pour absorber le jus.
- Disposer la rhubarbe sur la pâte.
- Mettre au four chaud à 200°C (th. 6-7) durant 15 à 20 min.
- Dans le jus réservé, ajouter les œufs et la crème fraîche.
  Bien mélanger au batteur.
- Après 15 à 20 minutes de cuisson de la tarte, ajouter la préparation, et laisser **au four à 180 °C (th. 6)** encore 20 minutes.

Les temps de cuisson varient en fonction du four et de la tourtière.
C'est absolument délicieux !
Éventuellement pourquoi ne pas mettre quelques fraises à macérer avec la rhubarbe ?!

Tarte au chocolat

Temps de préparation : 30 min
Temps de cuisson : 15 min + 15 min

Ingrédients pour 8 personnes :
- 1 pâte brisée *(voir recette)*
- 200 g de chocolat noir 70 ou 80 %
- 20 cl de crème fraîche
- 8 cl de lait entier
- 1 gros œuf
- Cacao en poudre *(Van Houten)* pour décorer *(facultatif)*

- Faire une pâte brisée et la placer au frigo au moins 1 heure.
- **Préchauffer le four à 180 °C (th. 6).**
- Étaler la pâte sur le plan de travail fariné, puis la déposer dans le moule à tarte.
- La piquer et la couvrir d'une feuille de papier cuisson recouverte de haricots secs ou de riz.
- Faire cuire la pâte environ 15 minutes au four jusqu'à ce qu'elle soit légèrement blonde.
- Couper le chocolat en très petits morceaux à l'aide d'un couteau.
- Verser la crème et le lait dans une casserole de taille moyenne et mélanger.
- Porter à ébullition. Retirer la casserole du feu et ajouter le chocolat.
- Mélanger jusqu'à ce qu'il soit complètement fondu et que le mélange soit homogène. Laisser refroidir.
- Lorsque le mélange est froid, incorporer l'œuf et fouetter jusqu'à consistance homogène. Verser la préparation sur le fond de tarte.
- Enfourner et faire cuire, jusqu'à ce que la crème soit ferme mais encore tremblante au centre, 12 à 15 minutes environ.
- Retirer la tarte du four et la laisser refroidir.
- Servir tiède ou à température ambiante, et à la dernière minute, saupoudrer de cacao.

J'accompagne cette tarte d'une boule de glace vanille ou d'un coulis de framboise. Jacotte

Tarte au sucre du livre de recettes de Maman

Temps de préparation : 20 min
Temps de repos : 1 h 30 + 1 h 30
Temps de cuisson : 30 min

Ingrédients :
- 10 cl de lait
- 1 sachet de levure de boulanger
- 60 g de beurre
- 200 g de farine
- 1 œuf battu
- 3 cuil. à soupe de sucre
- 1 pincée de sel

POUR LA GARNITURE :
- 125 g de cassonade « Graeffe »
- 2 œufs
- 50 g de beurre
- 10 cl de crème fraîche liquide

- Diluer la levure dans le lait tiède.
- Faire un puits avec la farine, ajouter le sucre, 1 pincée de sel, l'œuf et mélanger.
- Ajouter la levure mélangée au lait.
- Faire une boule, recouvrir d'un torchon et laisser reposer 1 h 30 à température ambiante.
- Ensuite, retravailler la pâte, la rouler.
- Beurrer un moule, y mettre la pâte et laisser monter à température ambiante pendant 1 h 30.
- **Préchauffer le four à 180 °C (th. 6).**
- Une fois la pâte montée, la piquer avec une fourchette, recouvrir de cassonade et ajouter les œufs battus avec la crème, et parsemer de noisettes de beurre.
- Mettre au four 30 minutes environ.

Je vais dire la vérité… je n'ai jamais fait cette recette, mais Maman la faisait. Annette

Tarte aux fraises

Temps de préparation : 30 min
Temps de cuisson : 30 min

Ingrédients pour une tarte de 20 cm :
- 1 pâte sablée *(voir la recette Pâte sablée)*
- 500 g de fraises ou framboises
- Crème pâtissière ou Chantilly *(voir les recettes Ma crème pâtissière, ma crème pâtissière allégée... ou Crème Chantilly de base)*

- **Préchauffer le four à 200 °C (th. 6-7).**
- Étaler la pâte à l'aide du rouleau à pâtisserie, et lui donner une forme carrée ou ronde, d'une épaisseur d'environ 1 cm.
- La mettre sur la plaque du four.
- Piquer la pâte pour éviter qu'elle ne gonfle, et la cuire entre 20 à 30 minutes *(à surveiller)*.
- Laisser refroidir cette belle pâte.
- Ensuite, la recouvrir d'une couche épaisse de crème « Chantilly » ou « pâtissière » et garnir de fraises ou de framboises.
- Saupoudrer d'un peu de sucre glace juste avant de servir

C'est du bonheur ! Personnellement, je préfère la chantilly, mais un mélange crème pâtissière/chantilly, c'est excellent aussi. C'est simple, c'est beau, c'est bon !

Françoise

Tarte aux poires ou autres fruits

Temps de préparation : 30 min
Temps de cuisson : 30 min

Ingrédients pour une tourtière de 25 cm :
- 1 pâte brisée *(voir recette)*
- 6 poires pas trop mûres
- Sucre roux de canne en poudre
- Beurre
- 1 sachet de poudre d'amandes

- **Préchauffer le four à 200 °C (th. 6-7).**
- Rouler la pâte, la mettre dans la tourtière et la piquer avec une fourchette.
- Placer la tourtière dans le frigo, le temps d'éplucher les poires.
- Éplucher les poires, les couper en quatre ou en huit, les saupoudrer d'un peu de sucre pour éviter qu'elles noircissent.
- Sortir la tourtière du frigo.
- Saupoudrer le fond de poudre d'amandes et de sucre.
- Mettre les quartiers de poires bien collés les uns aux autres.
- Saupoudrez de sucre roux.
- Mettre plein de petits morceaux de beurre.
- Mettre au four pour 30 minutes.
- À mi-cuisson *(15 minutes)*, rajouter encore un peu de beurre.
- Baisser le four à 180 °C (th. 6) et laisser cuire encore 15 minutes.
- Sortir la tarte du four et la laisser tiédir.
- La mettre sur un plat de service, et c'est tout !

Délicieux !

Cette tarte peut se faire avec des abricots, des prunes, attention, couper les abricots en deux, et les poser sur la pâte, côté creux à l'extérieur, afin que le jus reste dans les abricots.

Et penser à ajouter un tout petit peu de farine avec la poudre d'amandes.

Pour les prunes, pas de poudre d'amandes ! Mais farine et sucre.

Ma tarte aux pommes

Temps de préparation : 30 min
Temps de cuisson : 30 min

Ingrédients pour une tarte de 25 cm de diamètre :
- 1 pâte brisée *(voir la recette Notre pâte brisée)*
- 4 à 5 pommes golden
- Sucre en poudre blanc ou sucre de canne
- Beurre salé

- **Préchauffer le four à 200 °C (th. 6-7).**
- Éplucher et évider les pommes.
- Les couper en quatre, puis en tranches très fines.
- Les étaler tout de suite sur la pâte, en tranches bien serrées.
- Remplir ainsi toute la tarte.
- Saupoudrer de sucre en poudre ou de cassonade et ajouter généreusement du beurre coupé en petits morceaux.
- Placer la tarte dans le bas du four pendant 25 minutes, et la monter au milieu du four pendant les 5 dernières minutes pour la faire dorer un peu plus.
- Déguster tiède, avec de la bonne crème fraîche !

Selon les goûts, on peut choisir des pommes à cuire (Canada, boscop, ou encore mieux reinette) et au fur et à mesure que les pommes sont coupées, les mettre dans un mélange de sucre de canne et citron pressé. Elles ne s'oxydent pas, et cela donne un très bon goût ! Guite

Quand nous étions petites, Maman nous faisait des tartes aux pommes, et il y avait des croisillons de pâte sur la tarte !!

Tarte Tatin

Temps de préparation : 20 min
Temps de cuisson : 30 min + 30 min

Ingrédients pour moule à manqué de 23 cm de diamètre :

- 1 pâte brisée de 200 g *(voir recette)*
- 7 belles pommes à cuire
- 125 g de beurre
- 125 g de sucre semoule
- 1 sachet de sucre vanillé
- ½ cuil. à café de cannelle en poudre *(facultatif)*
- 1 citron

- Peler les pommes, les couper en deux, les évider.
- Dans un moule à manqué, mettre le beurre et le sucre semoule, et les faire blondir sur la plaque ou le gaz. Enlever le moule du feu.
- Disposer dans le moule les pommes serrées, debout les unes contre les autres.
- Saupoudrer de sucre vanillé. Ajouter 2 pincées de cannelle. Râper au-dessus le zeste du citron.
- Remettre le moule sur la plaque ou le gaz à feu doux. Laisser cuire les pommes une demi-heure.
- Pendant ce temps, rouler la pâte sur environ 0,5 cm d'épaisseur, faire un cercle plus large que le moule. La réserver au frais.
- Quand les pommes sont cuites, les laisser refroidir *(tiédir)*.
- **Préchauffer le four 200 °C (th. 5-6).**
- Recouvrir les pommes de la pâte et la replier à l'intérieur du moule.
- Baisser le four à 180 °C (th. 6) et y glisser le moule pour 25 minutes.
- Ne pas démouler la tarte à la sortie du four, attendre qu'elle soit tiède.
- Servir la tarte tiède avec de **la crème fraîche.**

C'est une vieille recette de Michel Oliver, il y a bien quarante-cinq ans que je la fais. C'est absolument la meilleure de toutes celles que j'ai goûtées ! Certains n'aiment pas la cannelle, on peut s'en passer. Moi, j'adore… Annette

Abricots sautés
et boule de glace vanille

Temps de préparation : 15 min
Temps de cuisson : 20 min

Ingrédients pour 6 à 8 personnes :
- 1 boîte d'abricots au sirop
- 2 oranges
- Sucre de canne roux en poudre
- Beurre
- Glace à la vanille

- Égoutter les abricots.
- Les faire revenir dans une poêle, avec un peu de beurre.
- Presser les oranges.
- Ajouter le jus sur les abricots, et les laisser fondre et réduire.
- Servir les abricots fondus avec une boule de glace à la vanille.

À la saison des abricots, une compote remplacera la boîte ! On peut prendre des pêches aussi !

C'est tout simple, c'est délicieux.
En 1982, nous avions rencontré, à Florence, un gars très sympa qui travaillait à l'époque pour le Touring club de Belgique. Nous l'avons revu…, il est venu chez moi, et nous a préparé un délicieux repas ! J'étais sa petite main. Il avait fait ce dessert. J'avais quand même fait la glace à la vanille !
Annette

Ananas flambé au rhum

Temps de préparation : 15 min
Temps de cuisson : 30 min

Ingrédients pour 4 à 6 personnes :
- 1 ananas Victoria, ou du Bénin
- 2 cuil. à soupe de sucre de canne roux
- 1 cuil. à soupe de miel
- Beurre
- Rhum
- Glace à la vanille

- Éplucher l'ananas.
- Le couper en quartier pas trop gros dans le sens de la hauteur.
- Enlever le cœur si c'est un ananas Victoria.
- Faire revenir l'ananas dans le beurre.
- Quand il commence à dorer, ajouter le sucre et le laisser fondre tout doucement environ 20 minutes et ajouter le miel.
- Laisser fondre encore 10 minutes.
- Au moment de servir, ajouter un petit verre de rhum et flamber.
- Servir dans les assiettes avec une boule de glace à la vanille.

C'est presque un dessert de fête !!
Je prépare mon ananas le matin,
et je le réchauffe au moment du dessert.
Petite recette de ma belle-sœur Edith.
Françoise

Baba au rhum

Temps de préparation : 40 min
Temps de cuisson : 20 min

Ingrédients pour un moule à baba de 20 cm :
- 125 g de farine
- 60 g de sucre
- 3 œufs entiers
- 1 cuil. à soupe de lait
- 1 noisette de beurre
- 1 paquet de levure alsacienne

Sirop :
- 25 cl d'eau
- 125 g de sucre
- 1 verre à bordeaux de rhum

- Mélanger le sucre et les jaunes d'œufs avec une cuillère en bois jusqu'à ce que le mélange blanchisse.
- Ajouter peu à peu le lait, la farine et la levure en poudre.
- **Préchauffer le four à 180 °C (th. 6).**
- Battre les blancs d'œufs en neige très ferme. Les incorporer peu à peu à la préparation.
- Beurrer un moule en couronne et y verser la préparation.
- Enfourner pour 20 minutes environ.
- Démouler à la sortie du four sur un plat rond et un peu creux.

Sirop :

- Faire bouillir 2 minutes 25 cl d'eau et le sucre.
- Hors du feu, ajoutez le rhum.
- Verser sur le baba encore bien chaud.
- Verser en son centre une crème pâtissière allégée *(voir la recette et diminuer les proportions)* ou tout simplement une crème Chantilly *(voir la recette Crème Chantilly de base).*

Je fais davantage de sirop si le baba n'est pas bien mouillé.
Colette

Bananes flambées

Temps de préparation : 10 min
Temps de cuisson : 15 min

Ingrédients pour 4 personnes :
- 4 bananes
- Cassonade *(Graeffe)*
- Beurre
- Rhum

- Éplucher les bananes.
- Les faire fondre dans une poêle avec le beurre.
- Ajouter la cassonade (belge !). (*Surveiller… Il ne faut pas que les bananes se décomposent.*)
- Flamber avec un verre de rhum.
- Servir.

Dessert tout simple, avec ou sans rhum, et encore meilleur avec du sucre de canne roux (la vraie cassonade !)

Biscuit de Savoie
du livre de recettes de Maman

Temps de préparation : 20 min
Temps de cuisson : 35 min

Ingrédients pour un gâteau :
- 100 g de sucre
- 4 œufs
- 50 g de farine
- 50 g de Maïzena
- Le zeste de ½ citron

- **Préchauffer le four à 180 °C (th. 6).**
- Battre les jaunes avec le sucre jusqu'à ce que le mélange devienne blanc et mousseux.
- Ajouter la farine et la Maïzena et bien mélanger.
- Fouetter les blancs en neige très ferme.
- Ajouter à la préparation 1 cuillerée de blancs en neige. Mélanger.
- Ensuite, ajouter les blancs et mélanger tout doucement (*un peu comme une mousse au chocolat !*)
- Beurrer un moule à manqué, le saupoudrer de sucre et remplir le moule.
- Mettre au four 35 minutes. Contrôler la cuisson avec un couteau.
- Laisser refroidir avant de démouler.

Encore une recette délicieuse que Maman nous préparait et qu'elle servait avec de la compote de fruits, de la confiture, ou une crème au beurre !

Clafoutis aux cerises
du livre de recettes de Maman

Temps de préparation : 20 min
Temps de cuisson : 20 min

Ingrédients pour 6 personnes :
- 500 g de cerises
- 50 cl de lait
- 3 œufs
- 1 cuil. à soupe rase de Maïzena
- 1 cuil. à soupe rase de farine

- **Préchauffer le four à 180 °C (th. 6).**
- Beurrez la tourtière.
- Étaler les cerises (*les cerises ne se dénoyautent pas*).
- Mélangez les œufs entiers, la Maïzena, la farine et le lait.
- Verser la pâte sur les cerises.
- Mettre au four durant 20 minutes. À surveiller.
- La pâte devient une crème assez consistante.
- Servir directement dans le plat (*le clafoutis ne se démoule pas*).

Les compotes

Temps de préparation : 10 min
Temps de cuisson : entre 5 et 10 min

Ingrédients : Pommes à cuire, abricots, rhubarbe, ou prunes

Compote de pommes

- Choisir des pommes à cuire *(reinette, boscop ou Canada)*
- Les couper en quatre, les peler et les épépiner.
- Mettre les pommes dans une casserole en les coupant en plus petits morceaux et ajouter un jus de citron.
- Ajouter 1 cuillerée à soupe d'eau. Couvrir.
- Faire chauffer à feu moyen et baisser très vite.
- Laisser fondre entre 5 et 10 minutes selon la variété.
- C'est tout ! Bien mélanger et mettre dans un plat.
- La compote de pommes est servie non sucrée en plat, et en dessert, chacun sucre selon son goût.

Compote de rhubarbe

- Couper les extrémités de la rhubarbe, laver les bâtons (*inutile de les peler*).
- Ensuite, il faut couper en petits tronçons d'environ 1 cm (*pas plus*).
- Mettre la rhubarbe dans une casserole, ajouter 1 cuillerée à soupe d'eau. Couvrir.
- Faire chauffer à feu moyen et baisser très vite.
- Laisser fondre entre 5 et 10 minutes.
- Ajouter un peu de sucre de canne selon votre goût.

Compote d'abricots

- Laver les abricots, les couper en quatre en enlevant le noyau.
- Mettre les abricots dans une casserole, couvrir.
- Faire cuire doucement. En 5 à 8 minutes, c'est fait !
- Ajouter un peu de sucre de canne selon votre goût.

Compote de prunes

- Laver les prunes, les couper en deux et les dénoyauter ou pas.
  (*Les quetsches se dénoyautent facilement.*)
- Si ce sont des quetsches, procéder comme pour les abricots.
- Sinon, entailler les prunes et les mettre entières dans la casserole, ajouter 1 cuillerée à soupe d'eau.

Le congolais de Diane

Temps de préparation : 15 min
Temps de cuisson : 1 h

Ingrédients pour 1 blanc d'œuf :
- 1 blanc d'œuf
- 50 g de sucre blanc en poudre
- 50 g de noix de coco râpée
- Le zeste de 1 citron vert

- **Préchauffer le four à 120 °C (th. 4).**
- Battre le ou les blancs en neige très ferme.
- Ajouter le sucre en poudre, la noix de coco, et le zeste de citron.
- Continuer à battre. C'est prêt !
- Sur une plaque du four, poser un papier cuisson, le beurrer un peu, et poser des petits tas de ce mélange, avec une cuillère à dessert.
- Mettre à four doux 1 heure – à surveiller !

Le citron vert donne un bon petit goût aux congolais.
C'est très facile à faire, plutôt que de jeter son blanc d'œuf !
C'est une recette de ma fille.
Annette

Cramique belge
du livre de recettes de Maman

Temps de préparation : 35 min
Temps de cuisson : 45 min

Ingrédients pour 1 gros cramique :
- 500 g de farine
- 2 œufs
- 100 g de beurre
- 30 g de levure du boulanger
- 3 cuil. à soupe de sucre
- 25 cl de lait
- 150 g de raisins secs

- **Préchauffer le four à 200 °C (th. 6-7).**
- Faire tremper les raisins.
- Délayer la levure dans un peu de lait tiède, ajouter un peu de farine pour obtenir une pâte molle. Laisser reposer 15 minutes.
- Ajouter à cette pâte molle, le reste de farine, le lait.
- Couvrir avec un torchon. Laisser bien lever.
- Travailler ensuite la pâte en y incorporant les œufs battus, le beurre fondu, le sucre et les raisins égouttés.
- Mouler.
- Laisser monter dans le four 45 minutes.
- Dorer au lait tiède.

Délicieux pour le goûter.

Crumble aux fruits d'été

Temps de préparation : 20 min
Temps de cuisson : 25 min

Ingrédients pour 6 personnes :
- 3 pêches
- 3 abricots
- 250 g de framboises *(ou autres fruits rouges)*
- 60 g de beurre ramolli
- 60 g de sucre
- 60 g de poudre d'amandes
- 60 g de farine
- Sel

- Préchauffer le four à 180 °C (th. 6).
- Mélanger avec les doigts le beurre ramolli, le sucre, la farine et la poudre d'amandes afin d'obtenir un mélange sableux.
- Couper les fruits en morceaux et les mettre dans un plat allant au four.
- Saupoudrer les fruits avec du sucre.
- Recouvrir les fruits avec le mélange sableux.
- Mettre au four pendant 20 à 25 minutes – à surveiller.

Je prends un plat en porcelaine,
car le crumble ne se démoule pas.
Françoise

Dessert glacé meringué aux fruits

Temps de préparation : 20 min
Temps de congélation : ½ journée

Ingrédients pour 4 à 6 personnes :
- 2 grosses meringues
- 4 œufs
- 50 g de sucre glace
- 25 cl de crème fleurette
- Fruits frais ou coulis au choix

- Émietter les meringues.
- Battre 4 jaunes d'œufs avec le sucre glace.
- Battre légèrement la crème.
- Éventuellement ajouter 2 blancs d'œufs en neige.
- Mélanger le tout.
- Mettre dans un moule à baba ou autre et placer au congélateur.
- Pour servir, démouler en passant le plat rapidement sous l'eau chaude.
- Garnir de fruits frais ou de coulis.

Gâteau aux pommes
Grand-maman Lepers

Temps de préparation : 20 min
Temps de cuisson : 30 min

Ingrédients pour 6 à 8 personnes :
- 4 pommes à cuire
- 8 cuil. à soupe de farine
- 8 cuil. à soupe de sucre
- 5 cuil. à soupe d'huile
- 5 cuil. à soupe de lait
- 2 œufs entiers
- 1 paquet de levure
- Sel

POUR LA GARNITURE :
- 40 g de beurre
- 3 cuil. à soupe de sucre
- 1 œuf entier

- **Préchauffer le four à 200 °C (th. 6-7).**
- Mélanger tous les ingrédients ensemble pour former une belle pâte.
- Étaler cette pâte sur une tourtière beurrée.
- Couvrir de tranches de pommes.
- Mettre au four 20 minutes.
- Pendant ce temps, faire fondre les 40 g de beurre.
- Mélanger le sucre et l'œuf pour obtenir un mélange bien clair.
- Ajouter le beurre fondu.
- Couvrir le gâteau de cette préparation et poursuivre la cuisson pendant 10 minutes.

Ce gâteau ne se démoulant pas, choisissez une jolie tourtière !

Ce gâteau est plutôt un goûter.
Ou un dessert du soir quand on a mangé léger.
J'ai remplacé les pommes par des poires, et c'est très bon aussi.
En fait, on peut mettre tous les fruits dont on a envie.

Gaufres fourrées

Temps de préparation : 1 h
Temps de repos : 3 h
Temps de cuisson : indéfini… en fonction du nombre de gaufres

Ingrédients pour 40 petites gaufres :
- 300 g de farine
- 75 g de sucre
- 10 cl de crème
- 30 g de levure du boulanger
- 2 œufs
- 160 g de beurre salé
- Sel

POUR LA GARNITURE :
- 150 g de beurre doux + 150 g de sucre de canne
- ou 150 g de beurre doux + 150 g de vergeoise
- ou 150 g de beurre doux + 150 g de cassonade « Graeffe »
- ou 75 g de beurre doux + 75 g de crème fraîche épaisse + 150 g de sucre glace ou vanillé

Préparation de la pâte :

- Délayer la levure dans la crème tiède.
- Verser la farine dans un saladier, ajouter le sucre, les œufs, la levure délayée. Mélanger bien l'ensemble.
- Ajouter le beurre coupé en morceaux. Travailler la pâte, qui doit être élastique.
- Faire une boule, la placer dans un lieu chaud (*dans son saladier*) durant 3 heures. Couvrir avec un torchon.
- Retravailler la pâte 2 fois pendant ce temps (*chaque heure*). Elle va doubler de volume.
- Avec la pâte, formez des petits cigares de 20 g.
- Les poser sur un papier sulfurisé, les couvrir à l'aide du torchon, et les laisser monter pendant 1 heure.

Préparation de la garniture :

- Pour 40 gaufres, il faut en tout 150 g de beurre + 150 g de sucre (du rhum si ça vous dit).
  Vous pouvez préparer des garnitures différentes ou non.
  C'est selon votre inspiration.

J'ai un moule à gaufres électrique en fonte, et je peux faire 4 gaufres à la fois.

- Faire chauffer le moule. Quand il est bien chaud, poser 4 cigares, et refermer.
- Attention, il faut que ce soit doré mais pas trop cuit. Ça va très vite, le temps de compter jusqu'à 20, et c'est cuit. À contrôler en fonction de chaque moule.
- Mettre les 4 gaufres sur une assiette, les ouvrir avec un bon petit couteau *(couteau à petites dents, c'est pas mal).*
- Pendant qu'elles refroidissent un peu, faire cuire les 4 gaufres suivantes.
- Les ouvrir également.
- Garnir les 4 premières, pendant ce temps les 4 suivantes se sont un peu refroidies, et garnir les 4 suivantes.
- Recommencer l'opération jusqu'à la fin de la pâte.

Bien sûr, ça va beaucoup plus vite si on est 2 ou même 3 à faire les gaufres.
La première les cuit. La seconde les ouvre. La troisième les garnit.

C'est très bon, j'ai essayé plusieurs recettes,
j'ai évolué à chaque fois, et celle-ci est bonne.
Quant à la garniture, vous la faites au gré de votre fantaisie.
Il est important que les gaufres soient bien garnies.
Annette

Île flottante

Temps de préparation : 45 min
Temps de cuisson : 30 min

Ingrédients pour 6 personnes :
- 4 blancs d'œufs
- 160 g de sucre en poudre
- 150 g de sucre en morceaux
- 80 g de pistaches décortiquées, non salées
- Un morceau d'écorce d'orange confite

POUR LA CRÈME ANGLAISE :
- 25 cl de lait
- 4 jaunes d'œufs
- 1 sachet de sucre vanillé
- 65 g de sucre en poudre

- **Préparer un caramel :** mettre les morceaux de sucre avec 3 cuillères à soupe d'eau dans un moule à charlotte. Faire cuire jusqu'à obtention d'un caramel blond. Retirez du feu et incliner le moule afin que le caramel recouvre entièrement les parois. Laisser refroidir.
- Hacher grossièrement les pistaches.
- **Préchauffer le four à 200 °C (th. 6-7).**
- **Préparer l'île flottante :**
- Monter les blancs en neige avec une pincée de sel. Verser le sucre en poudre, en continuant de battre. Incorporer les pistaches doucement.
- Verser la préparation dans le moule caramélisé. Faire cuire au bain-marie dans le four pendant 25 à 30 minutes.
- Laisser refroidir l'île flottante dans un endroit frais.
- **Préparer la crème anglaise :** voir la recette Crème anglaise.
- Démouler l'île flottante dans un plat de service creux. Décorer d'écorces d'orange confite, et verser la crème anglaise refroidie tout autour.

Meringues

Temps de préparation : 10 min
Temps de cuisson : 2 h

Ingrédients pour 10 petites meringues :
- 1 blanc d'œuf
- 50 g de sucre
- Quelques gouttes de citron *(facultatif)*

- **Préchauffer le four à 100 °C (th. 3-4).**
- Monter le blanc en neige très ferme dans lequel vous ajoutez 50 g de sucre en poudre et quelques gouttes de citron.
- Disposer la meringue à l'aide d'une cuillère à café sur la plaque du four recouverte d'un papier cuisson ou alu.
- Mettre au four pendant 1 h 30 à 2 heures, voire plus. Il faut qu'elles soient légères et se décollent facilement du papier.

Quand les meringues sont refroidies, si vous ne les utilisez pas tout de suite, les conserver dans une boîte hermétique.

Avec plusieurs blancs d'œufs, vous pouvez faire des cercles de meringues, à la dimension que vous souhaitez, et que vous utiliserez pour réaliser une charlotte aux fruits, au chocolat...

Mille-feuille

Temps de préparation : 30 min
Temps de cuisson : 3 × 20 min

Ingrédients pour un gâteau de 8 personnes :
- 1 pâte feuilletée *(voir recette)*
- 50 cl de crème pâtissière allégée *(voir recette)*

- **Préchauffer le four à 220 °C (th. 7-8).**
- Sur la table légèrement farinée, étaler la pâte feuilletée à l'aide d'un rouleau à pâtisserie sur une épaisseur de 2 mm en lui donnant une forme de rectangle de 20 sur 45 cm.
- Découper au couteau 3 bandes de 15 cm sur 20.

Les cuire séparément ou ensemble en fonction de la taille de votre plaque de four.

- Humecter la plaque du four et y déposer une ou plusieurs bandes.
- Piquer la pâte avec une fourchette.
- Poser sur le dessus une plaque *(genre plaque pour biscuit roulé)*.
- Mettre au four 20 minutes.
- Retirer la plaque posée sur la pâte après 8 à 10 minutes de cuisson *(pour éviter que la pâte ne gonfle de trop)* et continuer la cuisson.
- Sortir du four, et laisser refroidir sur une grille à pâtisserie.
- Une fois les feuilletés refroidis, étaler sur le premier feuilleté avec une spatule, de la crème pâtissière allégée.
- Recouvrir du deuxième feuilleté.
- Étaler une deuxième couche de crème.
- Recouvrir du troisième feuilleté en mettant le côté lisse au dessus.
- Saupoudrer de sucre glace.
- Vous pouvez ajouter à la crème des fraises ou des framboises.
- À découper à table avec un couteau-scie.

La mousse au chocolat
du livre de recettes de Maman

Temps de préparation : 30 min
Temps de repos : 8 h

Ingrédients pour 6 personnes :
- 1 plaque de chocolat noir (Côte d'or) soit 8 tablettes
- 8 œufs
- 2 cuillères à soupe d'eau

Á préparer la veille, ou le matin pour le soir.
- Casser les tablettes de chocolat dans un bain-marie.
- Ajouter 1 ou 2 cuillerées à soupe d'eau
- Laisser fondre et bien mélanger – il ne faut plus qu'il y ait de petits morceaux.
- Séparer les blancs des jaunes. **Attention… enlever les germes**
- Hors du feu, quand le chocolat est bien fondu, ajouter les jaunes, 1 à la fois.
- Bien mélanger.
- Battre les blancs en neige *(avec une pincée de sel)* TRÈS TRÈS ferme.
- Ajouter le mélange chocolat-œufs aux blancs et mélanger doucement avec un fouet, à la main !!! Ou le contraire : les blancs au chocolat.
- Il ne faut plus qu'il y ait le moindre morceau de blanc dans la mousse.
- Mettre le tout dans un plat de service, à placer au frigo pendant 6 heures minimum. Une fois refroidie, courvrir d'un film étirable.

Variante : *à la place de l'eau, pourquoi ne pas mettre un peu de whisky, ou du café !*

On l'adorait, mon frère Bernard et moi… On avait le droit de terminer le plat avec les doigts. Et même quelquefois, Maman nous donnait les fouets et les plats à… lécher !!! Mais quel régal. Annette

Nougat glacé

Temps de préparation : 45 min
Temps de congélation : 6 h

Ingrédients pour 6 personnes :
- 375 g de crème fraîche
- 4 blancs d'œufs
- 65 g de sucre
- 65 g d'amandes effilées
- 100 g de fruits confits en morceaux
- 1 dl de liqueur d'orange

POUR LE SIROP :
- 1 cuil. à soupe de sucre en poudre
- 2 cuil. à soupe d'eau
- 25 gr de miel liquide *(acacia de préférence)*

POUR LE COULIS DE FRUITS :
- 300 g de fraises ou framboises
- 150 g de sucre
- 1 citron

- Mettre les amandes sur la plaque du four et les faire dorer légèrement sous le gril en remuant.
- Faire tremper les fruits confits dans la liqueur.
- Faire le sirop de sucre, cuire au boulé *(1 goutte mise dans l'eau froide devient dure).*
- Ajouter le miel et refaire un bouillon.
- Battre les blancs en neige en y ajoutant peu à peu le sucre.
- Ajouter le sirop aux blancs en neige, en fouettant au batteur à petite vitesse jusqu'à complet refroidissement.
- Fouetter la crème en chantilly ferme et l'ajouter au sirop meringué.
- Ajouter amandes et fruits.
- Mettre dans un moule à cake au congélateur.
- Servir avec un coulis : 300 g de framboises ou de fraises, mixées avec 150 g de sucre semoule et un jus de citron.
- Passer au chinois.

On peut remplacer la liqueur d'orange par de l'eau de fleurs d'oranger ou du Grand Marnier.

Pêches blanches au coulis de groseilles

Temps de préparation : 30 min

Ingrédients pour 8 personnes :
- 1 pêche par personne
- 300 g de groseilles
- 200 g de sucre en poudre
- 1/2 litre d'eau

- Faire un sirop avec ½ l d'eau et 200 g de sucre – **Surtout ne pas laisser brunir le sirop**.
- Égrainer les groseilles, les mixer puis les passer au chinois pour enlever toutes les petites graines et avoir un jus bien lisse.
- Mélanger le jus obtenu au sirop.
- Peler les pêches après les avoir plongées 30 secondes dans l'eau bouillante.
- Couper les pêches en quartier et les ajouter au coulis de groseille.
- Servir bien frais.

Œufs à la neige

Temps de préparation : 30 min
Temps de cuisson : 15 min + 20 min

Ingrédients pour 6 à 8 personnes :
POUR LA CRÈME ANGLAISE :
- 8 œufs (les jaunes)
- 1 l de lait
- 150 g de sucre en poudre
- 1 bâton de vanille
- *Blancs en neige :* Le blanc des 8 œufs
- 80 g de sucre en poudre
- Sel

POUR LE CARAMEL :
- 100 g de sucre en poudre
- 4 cuil. à soupe d'eau
- Amandes grillées

La crème anglaise

(ma recette est un peu différente de la crème de base)

- Faire bouillir le lait avec la gousse de vanille préalablement ouverte et grattée.
- Séparer les blancs des jaunes, dans 2 grands saladiers.
- Réserver les blancs au frais.
- Mélanger les jaunes avec les 150 g de sucre jusqu'à ce que le mélange blanchisse.
- Ajouter le lait au mélange œufs-sucre, petit à petit tout en mélangeant
- Remettre dans la casserole.
- Faire chauffer tout doucement en mélangeant avec le fouet, jusqu'à ce que la crème épaississe *(environ 6 à 8 minutes).*
- Quand la crème est prête, la passer au chinois (*pour éviter de retrouver les germes et peut-être quelques grumeaux*) dans un autre saladier.
- Laisser refroidir avant de la mettre au frigo.

Les blancs en neige

- Battre les blancs des 8 œufs en neige *(ajouter 1 pincée de sel)* bien ferme,
- Ajouter peu à peu les 80 g de sucre en poudre.
- Continuer à battre jusqu'à ce qu'ils soient très très fermes. Réserver.
- Mettre de l'eau ou du lait *(c'est meilleur)* dans une poêle profonde, et faire chauffer jusqu'à frémissement.
- Avec une cuillère à soupe et une spatule, former 3 à 4 boules et les mettre dans l'eau frémissante *(ou le lait)*, et laisser cuire 1 minute, les retourner et cuire encore 1 minute, les sortir délicatement et les poser sur un torchon.
- Recommencer l'opération jusqu'à la fin.
- Garder les blancs meringués au frais.

Le caramel

- Mettre le sucre et l'eau dans une casserole, et laisser blondir.
- Mettre la crème anglaise dans un beau plat creux, poser les blancs délicatement.
- Dès que le caramel commence à foncer, le verser sur les œufs et mettre quelques amandes que vous aurez grillées au préalable.

C'est prêt ! À servir uniquement aux gourmands…

Poire au vin

Temps de préparation : 30 min
Temps de cuisson : 1 h

Ingrédients pour 6 poires :
- 6 poires *(la conférence, c'est pas mal!)*
- 75 cl de vin rouge
- 150 g de sucre en poudre
- 1 gousse de vanille ou à défaut 1 sachet de sucre vanillé
- 1 clou de girofle

- Éplucher les poires en les laissant entières et en gardant la queue.
- Dans une casserole mettre le vin, le sucre, la vanille, le clou de girofle,.
- Porter à ébullition.
- Mettre les poires et maintenir à frémissement 1 heure environ en retournant les poires de temps en temps.
- Laisser refroidir dans le vin.

Pommes au four

Temps de préparation : 15 min
Temps de cuisson : 30 min

Ingrédients pour 4 personnes :
- 4 pommes *(reinette de préférence)*
- Cassonade « Graeffe » ou sucre de canne en poudre
- Beurre *(demi-sel)*

- **Préchauffez le four à 180 °C (th. 6).**
- Bien laver les pommes *(surtout ne pas les peler).*
- Enlever l'intérieur des pommes avec le couteau évideur.
- Mettre les pommes dans un plat à four.
- Remplir les pommes de cassonade ou de sucre.
- Mettre sur chaque pomme un morceau de beurre.
- Mettre au four environ 30 minutes *(à surveiller).*

Quelquefois, j'ajoute un peu de sucre en poudre dans le plat et 1 cuillerée à soupe d'eau, cela fait un genre de caramel très fluide.
Et je mange toujours la peau.
Le temps de cuisson dépend des pommes que vous avez choisies.

Françoise

Une idée : *Si vous êtes seul, vous pouvez mettre votre pomme dans une assiette creuse, vous la garnissez de la même manière, et vous la mettez entre 3 et 5 minutes au four à micro-ondes !!! Vraiment épatant, à faire à la dernière minute.*

Suggestion : *Faire tremper des raisins secs dans du rhum, et en fourrer chaque pomme avec le sucre.*

Tartare d'ananas au gingembre et citron vert

Temps de préparation : 30 min
Temps de cuisson : 15 min + 20 min

Ingrédients pour 4 personnes :
- 1 ananas
- 1 gousse de vanille
- 4 cuil. à café de sucre roux
- 2 cuil. à café de gingembre râpé
- Le zeste de 1 citron vert
- 8 feuilles de menthe

- Couper les extrémités de l'ananas, le peler.
- Le couper en 4 morceaux.
- Retirer le cœur et couper la chair en très petits dés.
- Les mettre dans un bol, ajouter le gingembre râpé, le zeste de citron vert, les grains de vanille, 4 feuilles de menthe et le sucre.
- Mélanger soigneusement le tout, et mettre au frais.
- Au moment de servir : répartir dans des coupes.
- Décorer avec le bâton de vanille coupé en quatre et une feuille de menthe.

Limoncello

Temps de préparation : 40 min
Temps de repos : 20 jours

Ingrédients :
- 8 citrons non traités ou plus *(de Menton)* pour obtenir 80 g de zestes
- 400 g de sucre
- 1 l d'alcool à 90°
- 125 cl d'eau

- Préparer les zestes avec un économe, très finement, il ne faut pas qu'il y ait de blanc.
- Faire macérer les zestes de citron dans l'alcool, dans un grand bocal fermé hermétiquement pendant une vingtaine de jours, de préférence dans le noir.
- Secouer de temps en temps.
- Après cette période, filtrer l'alcool à l'aide d'une passette fine.
- Préparer un sirop de sucre.
- Dissoudre le sucre dans 125 cl d'eau, faire bouillir jusqu'à ce que le sucre soit bien dissous, tout en remuant.
- Laisser refroidir complètement.
- Mélanger l'alcool filtré et le sirop de sucre.
- Mettre en bouteilles.
- Patienter 8 jours avant de déguster.

Cette liqueur se met au congélateur pour être servie glacée.

2 recettes de Liqueur de cassis

Recette de Tante Nonie, Carolles 1950

Temps de préparation : Le temps qu'il faut...
Temps de repos : 24 h

Ingrédients :
- 1 l d'alcool à 90°
- 1,5 kg de cassis
- 1,5 kg de sucre
- 250 g de framboise
- 3 verres d'eau

- Égrainer les cassis dans un grand pot, ajouter les framboises.
- Écraser en bouillie.
- Verser l'alcool.
- Laisser mariner 24 heures.
- Dans une casserole, faire un sirop avec 3 verres d'eau et le sucre.
- Laisser fondre complètement et porter à ébullition.
- Passer le mélange de cassis à travers une étamine, et bien presser.
- Ajouter le sirop bouillant sur le jus tout en remuant.
- Laisser refroidir avant de mettre en bouteilles.

La recette de Papa dans le livre de recettes de Maman

Temps de préparation : Le temps qu'il faut...
Temps de repos : 48 h + 24 h

Ingrédients :
- 1 l d'alcool à 90°
- 3 livres de cassis
- 1 kg de sucre
- 75 cl d'eau minérale

- Écraser les cassis, les couvrir. Mettre à la cave pendant 2 jours, remuer de temps en temps
- Ajouter l'alcool, bien mélanger et laisser à la cave encore 24 heures.
- Les presser dans une étamine bien fort pour extraire le maximum.
- Faire un sirop avec le sucre et l'eau minérale. Laisser fondre.
- Mélanger ce sirop à la crème de cassis obtenue.
- Filtrer de nouveau et mettre en bouteilles.

J'ai de très bons souvenirs de cette crème de cassis, que nous buvions le soir après le dîner !!! J'ai la cave à liqueur, et dans une des bouteilles, il y avait cette crème de cassis... Annette

SUCHARD
FABRIQUE DE CHOCOLAT
FONDÉE EN 1826
PRÉPARATION
une tasse,
une bonne
à café de
poudre dans un
d'eau chaude,
le complé-
eau bouillante
lait chaud.
Sucre à volonté.
280
250
CACAO
Suchard
SOLUBILISÉ
MARQUE
BLEUE
250 GR. NET

Les papilles
parlent et
se souviennent...

Guiguite
nous raconte :

Étant l'aînée, j'ai souvent été préposée aux frites à cuire pour la première fois... quand elles commençaient à chanter et remontaient à la surface de l'huile, il fallait les sortir et bien les égoutter.
Cela se faisait à l'aide d'une « araignée », et pour être certaine qu'elles seraient bien égouttées, je tapais 12 fois sur le bord de la friteuse.
Encore maintenant, quand je fais des frites, je compte toujours...

Nous avions l'habitude d'aider à essuyer la vaisselle (à cette époque le lave-vaisselle n'existait pas). Maman nous avait acheté des tabliers, le rose pour Françoise, le bleu pâle pour moi, je trouvais que le rose était beaucoup plus joli. Je crois que mon amour du rose tient de cette époque !
Mais l'habitude du tablier n'a jamais été perdue. Encore maintenant nous ne pouvons nous en passer dès que nous entrons dans la cuisine !

Papa m'a appris à faire la mayonnaise, il me chargeait de verser l'huile goutte à goutte, doucement, tant qu'elle ne commençait pas à épaissir. Je fus très fière quand, seule, j'ai réalisé ma première mayonnaise !

À la fin de la guerre, nous ne trouvions pas d'oranges.
Nos parents allaient en acheter en Belgique et nous avions alors le droit de manger une demi-orange chacun… Quel régal !!!

Les premières fraises : le dessert de la fête des Mères que nous attendions bien sûr avec impatience.
Le pays de la fraise dans le Nord se trouve autour de Verlinghem. En juin, les parents venaient nous chercher en classe et c'était la fête le soir. Ils achetaient un énorme panier de fraises. Nous les dévorions avec du pain beurré dans le jardin d'une guinguette où il y avait des balançoires, des tables et des bancs. C'était un merveilleux pique-nique en famille, avant de rentrer à la maison à la nuit tombée.

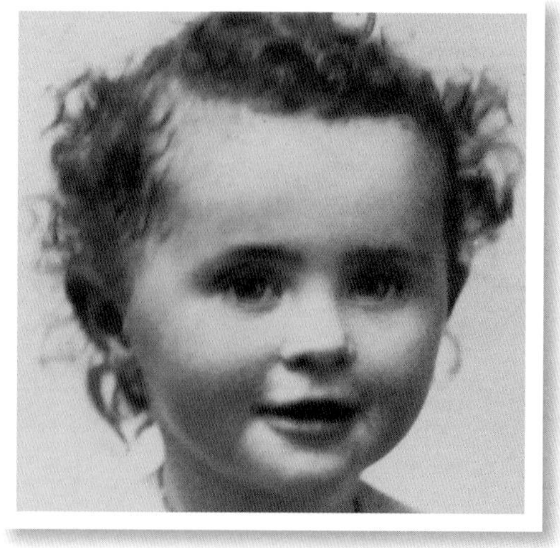

Françoise
nous raconte :

Le dimanche midi, on mangeait du rôti de bœuf, saignant, avec des frites et des endives braisées. « Je n'aimais pas beaucoup les endives... »
Le sang qui avait coulé dans le plat, Papa le donnait à la cuillère à Annette et Bernard, les plus petits !

Maman faisait des petites gaufres le dimanche après-midi. C'était délicieux ! Je garde le souvenir de cette boîte en fer dans laquelle elle les gardait.

Elle faisait aussi de grosses gaufres comme à La Panne. On les recouvrait du sucre glace, on les mangeait chaudes pour le goûter !

L'hiver, le vendredi soir, Maman nous servait parfois du lait battu sucré à la cassonade.
J'aimais bien.

C'était la fête quand Papa nous préparait la crème glacée.
Il allait chercher des pains de glace à la glacière de Croix. Tandis que Maman préparait la crème anglaise, Papa s'installait sur les marches en pierres bleues, à

côté de la grande cuisine du bas, dans la cour, sous le quai... Il cassait la glace en morceaux avec un marteau, la mettait dans la sorbetière en bois avec du gros sel autour du moule dans lequel se trouvait la crème.
Il tournait la manivelle très longtemps et nous l'aidions chacune notre tour, jusqu'à ce que la crème se transforme en «glace»!

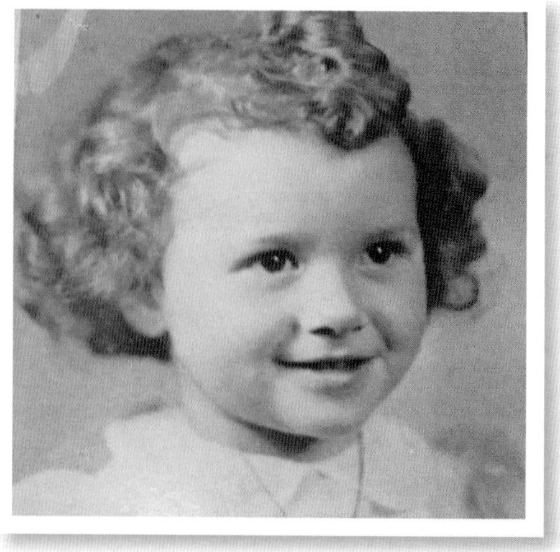

Jacotte
nous raconte :

Raymond Oliver passait à la télévision (la RTF) avec Catherine Langeais chaque semaine. Papa et Maman ne loupaient pas cette émission. Quand la recette leur plaisait, Papa s'emparait du cahier de recettes et notait tout, avec détails !!!
J'aimais quand Raymond Oliver taquinait gentiment Catherine.

Nous habitions dans le centre de Roubaix au 33, rue Pellart (cet endroit n'existe plus, ni la maison), en face du commissariat central.
À la suite de l'appel de l'abbé Pierre, en février 1954, s'est ouvert un centre d'accueil, au 35, à côté de chez nous. Je me souviens avoir vu Maman préparer, le dimanche, un grand plat de crème renversée qu'elle allait porter au centre voisin.
J'étais admirative de sa générosité. (Je crois qu'elle nous l'a transmise.)
Le repas du jeudi midi : une institution !!
Saucisses, en provenance de la charcuterie Clément, rue du Vieil-Abreuvoir à Roubaix, compote de pommes (maison évidemment) et frites !
Les frites... Un savoir-faire familial !

« Je ne sais plus quoi faire comme repas ! »
Qui n'a pas entendu cette phrase dans la bouche d'une Maman ?
Papa venait au secours de Maman et établissait une liste de repas pour les prochaines semaines.

Lorsque nous étions plus grandes, les copains (voire les amoureux) n'hésitaient pas à passer à la maison en fin d'après-midi ou en fin de matinée, le samedi. Souvent nos parents les retenaient à dîner ou à déjeuner.
Nous avions la chance d'avoir des parents, jeunes, joyeux et très accueillants !
Nous étions neuf à table. Chacun avait sa place.
J'ai gardé le privilège d'être à la gauche de Papa et en face de Maman. Je n'aurais pas cédé ma place pour un empire !

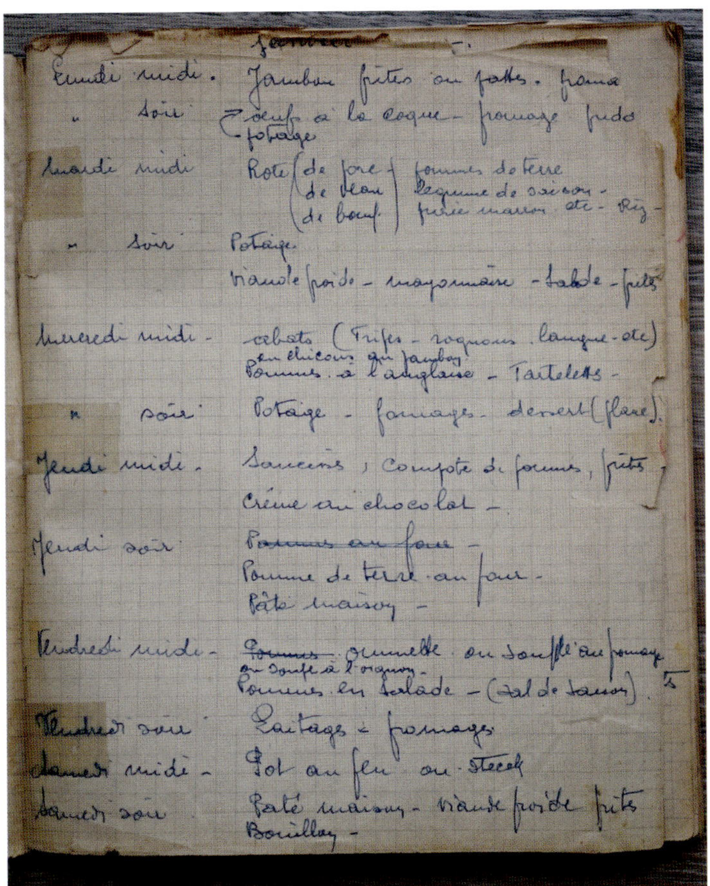
Février –
Lundi midi. Jambon frites ou pâtes. fromage
" soir Oeufs à la coque – fromage fruits – potage
Mardi midi Roti (de porc / de veau / de boeuf) pommes de terre / légume de saison – purée marron etc – Riz –
" soir Potage
viande froide – mayonnaise – salade – fruits
Mercredi midi – abats (Tripes – rognons. langue – etc) en chicons au jambon
Pommes à l'anglaise – Tartelettes –
" soir Potage – fromages – dessert (flan)
Jeudi midi. Saucisses, Compote de pommes, fruits
Crème au chocolat –
Jeudi soir ~~Pommes au four~~ –
Pomme de terre au four –
Pâté maison –
Vendredi midi – ~~Pommes~~ omelette ou soufflé au fromage ou souflé à l'oignon –
Pommes en salade – (sal de saison)
Vendredi soir Laitages & fromages
Samedi midi – Pot au feu ou steack
Samedi soir Pâté maison – viande froide fruits
Bouillon –

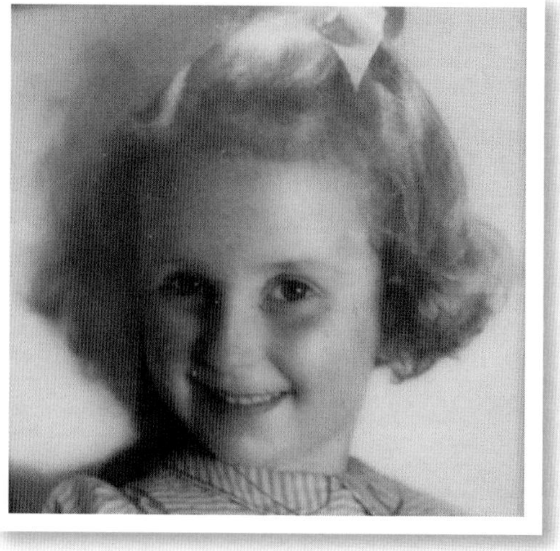

Colette
nous raconte :

À la fin du repas, quand il y avait un gâteau, un cake, c'était toujours moi qui le coupais. On disait que j'étais la petite marchande… et tout le monde chantait : « La p'tite marchande, la p'tite marchande, elle est malade, elle est malade, elle est malade du mal d'amour, du mal d'amour. Pour la guérir, pour la guérir, faut lui donner, faut lui donner de la salade trois fois par jour. C'est pas vrai, t'auras pas du canard aux navets ! »

Je pleurais, cela faisait rire toute la famille !!

Maman préparait de bonnes et grandes tartes aux pommes, sur lesquelles, avec le reste de la pâte, elle faisait des croisillons.
Parfois en rentrant de l'école, on avait la surprise de trouver sur la table de l'office une grande tarte aux pommes pour notre goûter. Et ce que je préférais, c'était les croisillons au-dessus de la tarte. C'était beau, c'était bon !

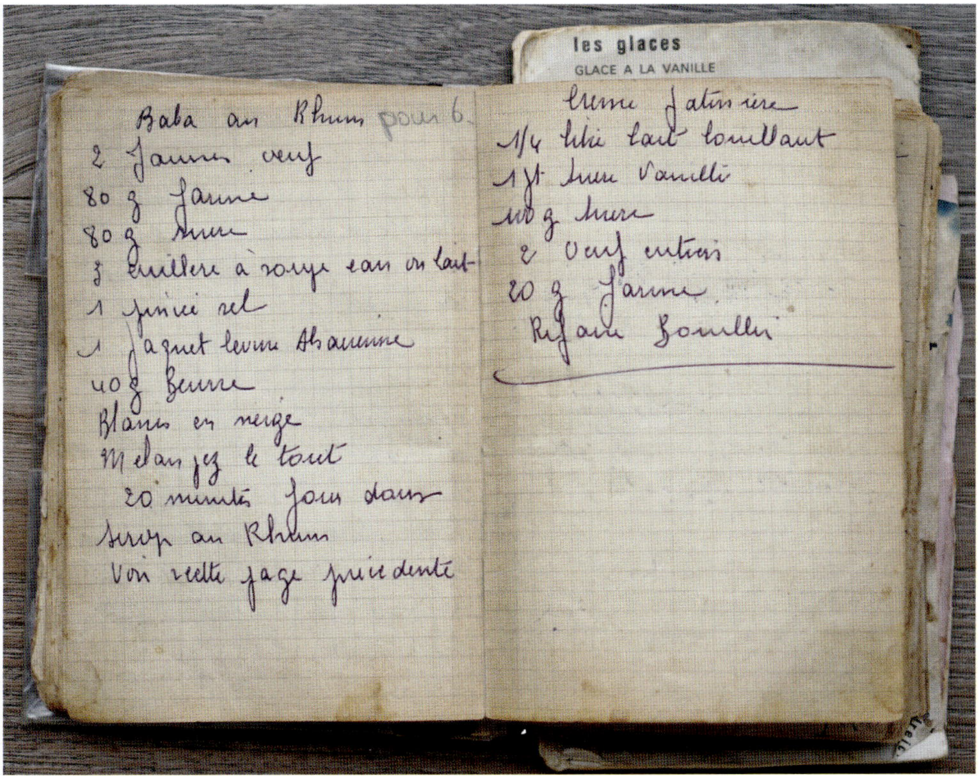
les glaces
GLACE A LA VANILLE
Baba au Rhum pour 6
Crème pâtissière

Colette

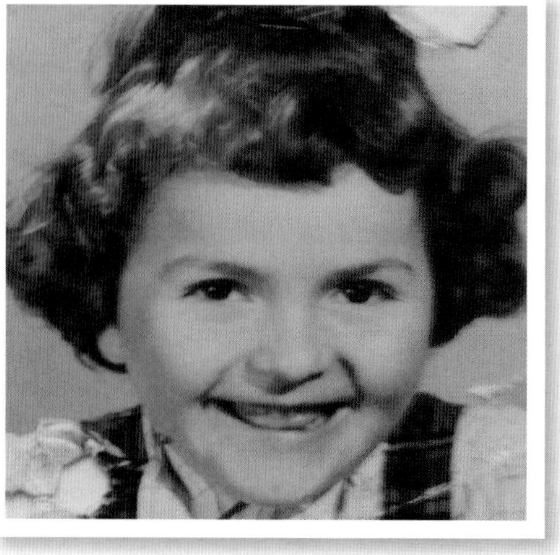

Annette

nous raconte :

La faluche au sucre, j'adorais. En rentrant de classe, j'achetais quelquefois une faluche chez le boulanger. En arrivant à la maison, Maman me préparait un goûter exquis. Elle coupait la faluche en deux, la beurrait, mettait de la cassonade belge et la grillait au four. Un goûter de princesse ! J'en ai fait quelquefois à mes enfants qui adorent !
Ils ont toujours aimé partager mes souvenirs.
La semaine dernière, j'étais chez ma fille aînée, et ma petite-fille Sophie demande à sa Maman :

« Qu'est-ce qu'on mange ce soir Maman ? »
Et je réponds : « Des œufs et des pom'terres ! »
Et du tac au tac, elle me dit : « Les œufs, c'est pour tun père, tchosi. »

C'est génial, c'est la continuité, mes petits-enfants qui me sortent des expressions de Papa ! C'est incroyable, et sûr que lui les tenait de son Grand-père ! Finalement, on mangeait toujours bien à la maison, même quand le vendredi soir on avait du chocolat chaud avec du pain beurré. J'adorais, je mettais du demi-sel (carré Gervais) sur mon pain, je salais et poivrais, et le trempais dans mon chocolat chaud sucré ! J'avais horreur du lait battu...

À la fin de chaque repas, Papa disait :

« Mes enfants, j'ai fait une chair de roi !!! »

Et nous continuions tous ensemble :

« Nous avons une bonne mère comme le Saint Enfant Jésus. »

« Le petit gâteau de chez Blauwart » :
Le dimanche, après la messe, nous allions chez Blauwart, et nous choisissions chacun 2 petits gâteaux. Moi, j'adorais le moka et un gâteau au chocolat... jamais je n'en ai retrouvé d'aussi bon. Papa, lui, aimait les choux à la crème Chantilly ! Jacotte, c'était les glands verts (elle a toujours aimé !), Françoise, les barquettes à la crème de marrons. Colette, les choux pralinés recouverts d'un glaçage rose. Guiguite, la tartine russe. Quant à Maman, son préféré était le Paris-Brest.

Quand en semaine il n'y avait pas de dessert, Maman nous proposait avec un petit sourire en coin « un petit gâteau de chez Blauwart » : une tartine beurrée ou une biscotte avec de la confiture !
Ou le petit-beurre que nous trempions dans un peu de vin.

Quand on rentrait de classe, mon frère Bernard et moi, on se préparait notre goûter. Nous avions 10 et 12 ans. On prenait une barre de chocolat Côte d'Or (on avait droit à ½ barre chacun). Sur le papier aluminium qui entourait la plaque, on posait notre morceau de chocolat, et on le posait sur le radiateur pour le faire fondre. On l'étalait ensuite sur un « casse-croûte ». C'était vraiment, vraiment bon.

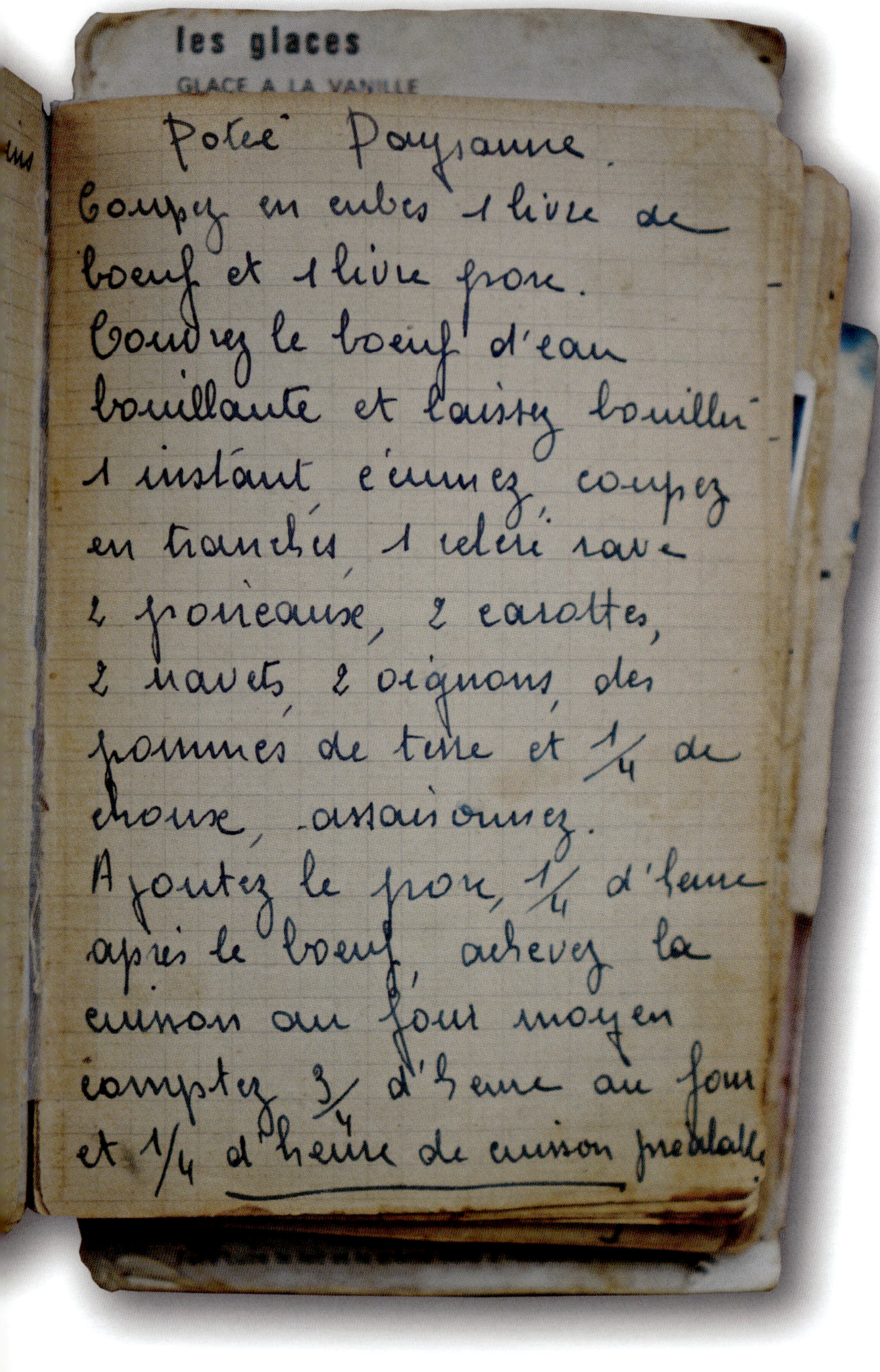
les glaces

GLACE A LA VANILLE

Potée Paysanne.

Coupez en cubes 1 livre de boeuf et 1 livre porc.

Couvrez le boeuf d'eau bouillante et laissez bouillir 1 instant écumez coupez en tranches, 1 céleri rave 2 poireaux, 2 carottes, 2 navets, 2 oignons, des pommes de terre et 1/4 de choux, assaisonnez.

Ajoutez le porc, 1/4 d'heure après le boeuf, achevez la cuisson au four moyen comptez 3/4 d'heure au four et 1/4 d'heure de cuisson préalable.

Liqueur de Cassis (Eclus l'Évêque)

3. litres de Cassis
les écraser & les couvrir - mettre
à la cave pendant 2 jours, remuer
de temps en temps -
Ajouter 1 litre d'alcool à 90°.
bien mélanger - laisser encore
1 journée à la cave - bien
presser dans une étamine.
Ajouter au jus obtenu 1 sirop
(fait avec 1 kg de sucre fondu
dans 750 cc d'eau de pluie
froide - Filtrer & mettre
en bouteilles -

La Panne 3/8/56.

Tous les enfants avec Papa et Maman au Parc Barbieux en 1950.

Remerciements

Merci à nos parents, sans lesquels nous ne serions pas celles que nous sommes.

Merci à Mehdi, à qui nous devons l'inspiration du titre de ce livre.

Merci à Jean Proÿe, pour sa préface...

Merci à Nathalie (Ravet-Anceau), qui nous a bien conseillées, et qui va distribuer notre livre sur les Hauts de France

Merci à Didier (Nord Compo), Il a été d'une patience « d'ange », d'une gentillesse... Nous lui devons beaucoup.

Merci à Patrick Kedzia, qui a réalisé la photo de couverture, et beaucoup d'autres.

Merci à Manon de Basly qui a réalisé les photos de nos souvenirs.

Merci à nos enfants, et petits enfants, qui nous ont soutenues dans cette belle réalisation.

Enfin, ce livre n'aurait pas pu voir le jour sans la détermination, la ténacité constante et l'important travail de notre plus jeune sœur Annette.
Nous tenons à lui adresser toute notre admiration et l'en remercier très vivement